早稲田と慶応

名門私大の栄光と影

橘木俊詔

講談社現代新書

1958

はじめに

　橋本龍太郎、小渕恵三、森喜朗、小泉純一郎、間に一人を入れて福田康夫氏まで最近の首相のうち、五名も早稲田大学、慶應義塾大学（慶応大学）出身の人が出た。首相を多く出してきた東京大学出身の首相は宮澤喜一元首相にまでさかのぼる。早稲田と慶応は、日本の私立大学の両雄として、以前から名門校であったが、存在感をますます高めている。

　その他にも、例えば経済界、文壇、マスメディア、芸能、スポーツなどの世界において、早慶出身者の活躍ぶりは破竹の勢いである。

　なぜ早慶の両校がこれほどまでに地位を高めたのかが本書の関心であり、そのことを幅広い視点から論じている。戦前にあってはこの両校は東大・京大などの帝国大学の後塵《こうじん》を拝していた。戦後のある時期から早慶両大学は国立の名門大学に急追をかけ、現在、すでに追い越している分野もある。例えば、政界、マスメディア、文壇における早稲田、経済界、政界における慶応である。なぜ早慶はこのような成功を収めているのであろうか。

　私立学校は創設者の建学精神、そして校風が生命である。この建学精神や校風に憧れて学生は入学してくる。能力があり意欲の高い人が早慶両校を志望するようになったが、建学精神、校風は学校の人気とどう結びついているのかを、本書では丹念に検証する。しかし、教育には学費がかかるし、入学試験もある。入学を希望するすべての人が自由に特定の大学に入学できるものではない。学費、入学試験制度などは両校の躍進にどう影響したのか。さらに、教育制度は日本社会の変動、あるいは学歴主義のあり方などの影響も受ける。この点にも注目して、いかに両校が日本社会の変動に対応してきたかを論じる。

本書の主たる関心は早稲田と慶応の成功物語を追究することにあるが、両校にも問題があることは否定できない。早慶両校がどのようなアキレス腱を抱えているのか、強烈な反発を覚悟のうえであえて提示した。例えば、日本は格差社会に入ったとされるが、階層固定化の象徴である慶応をどう評価するかという点、いくつかの私立大学は拡大路線を歩んでいるが、その象徴である早稲田をどう考えたらよいかという点である。さらに、大学は学問研究の場とされるが、この視点から早慶両校を評価してみたい。

著者は最近、教育の経済学に関心を寄せており、学校教育の差が人びとのその後の人生にどのような効果を及ぼしているのかを研究している。大学における名門校とそうでない大学との差を分析しているうちに、早慶両大学の特殊な地位に注目することになり、このような書物をまとめることになったものである。

他の私立大学にとっては、当然のことながら早慶両校は目標とする学校であるし、この本から早慶の何を学べるかを知ることができるように心掛けた。あわせて、大学がどのような方向をめざせばよいのか、大学教育の目的を議論したうえで、大学の生き残り策と学生の学び方についても論じてみた。

著者は早慶両校で学んだことも、教えたこともなく、できるだけ客観的に書くことを心がけた。できれば物語風読物として気楽に読んでもらいたいために、早慶出身者の人物像をかなり詳しく論じ、私個人のことや早慶との接点についてもいくつか記述している。

本書の執筆にあたっては、両校で教える先生方、卒業生の方々におこなったインタビューの結果を各所で用いている。具体的な名前を記さないが、インタビューに応じていただいた方々に心より感謝したい。ただし、インタビューの記述内容に誤謬《ごびゅう》があったり、本書の主張に賛成できない点があれば、それらはすべて著者の責任に帰するものである。

本書の執筆は講談社の阿佐信一氏が、かなり以前、著者に執筆を依頼されたときからはじまった。著者の怠慢からそれが遅れたが、新しく所澤淳氏の担当となった。所澤氏は著者の知らない文献や統計をご教示され、しかも編集上のアドバイスもいただいたので、本書の執筆に大いに役立った。阿佐・所澤両氏に心から感謝したい。

橘木俊詔

目次

第一章　早稲田と慶応はなぜ伸びたか

早稲田大学と慶應義塾大学の地位が高まっている。戦前では帝国大学に大きく後れをとっていた早慶両校であったが、いまや名門校として君臨するようになった。各分野で、有名人を輩出している両校の成功の秘密を探究するのが本章の目的である。

もとより学校教育だけによって一流の卒業生が生まれるわけではなく、本人の能力と努力が非常に重要なのは言うまでもない。注目したいのは、能力をもち、努力を惜しまない学生がなぜ早慶に入学するのか、ということである。そして最後に、両校の教育の質を考える。

早慶卒業生のプレゼンスの向上を説明するためには、競争校である国立名門校の出身者がなぜめだたなくなったかを議論する必要がある。さらに、卒業生がどういった職業に就いているかが関心の的となる。こうした点に注目しながら、両校をさまざまな角度から評価してみたい。

1　戦前日本の学歴社会

大学によって初任給が違う

興味深いデータがある。戦前において超一流企業に入社した新入社員が、どれだけの初任給をもらっていたかを、学歴別に示したデータである。これは岩瀬彰『「月給百円」サラリーマン』からのものであり、図表1－1がいくつかの代表的な企業の初任給である。

この表を議論する前に強調しておきたいのは、現代ではどの大学を卒業したかによって初任給に差を設けている企業はほとんどない、ということである。少なくとも、大学卒の総合職であれば大学名による差をつけている企業はまずない。もとより、採用するかしないかの決定において、一昔前にあった「指定校制度」が尾を引いて、大学名がいまでも相当の影響力を有しているのは事実だが、少なくとも採用すれば賃金に差をつけることはない。とはいえ、現代では職務レベルに応じて「総合職」と「一般職」に区別して、大学卒を採用している企業があるので、同じ大学の卒業生であっても、両者に初任給の差は生じている。

この表で印象的なのは、すべての企業において帝大卒の初任給がもっとも高くなっていることである。それに加えて、三井物産、住友合資などのように、商大（現一橋大、神戸大、大阪市立大）も帝大と同じ水準にある。こうした帝大、商大などの官立優先政策には驚かされる。

別の言葉で述べれば、早慶をふくめた私立大学卒は帝大・商大よりも初任給が一段階低

三菱合資
帝大工　90円、帝大法　80円、商大　80円、商大専門部と早慶、神戸高商　各75円、地方高等商業と中央、法政、明治　各65〜70円、私大専門部　50〜60円、中学程度　35円

三井物産
帝大、商大、神戸高商　80円、各私大　72円、地方高商　64円、甲種商業　40円
(三井系の場合、本給は帝大卒で50円、私大卒で45円としており、これに割増金を本給75円まで6割増、75円以上を最高60円までといった調整を行って上記の水準になるようにしていた)

住友合資
帝大、商大　80円、神戸高商、商大専門部　70円、早慶、三年制高等商業　60円、甲種商業、中等程度　35円

安田保善社（安田財閥の持株会社）
帝大、商大　70円、私大　60円、私大専門部、官立専門部　50円、中等程度　30円

古河合名
帝大　78円、私大　60〜65円、専門学校　68円、中学程度　30〜35円

日本郵船
帝大、商大　80円、商大専門部、神戸高商　70〜75円、早慶、地方高商　60〜65円、その他の私大　50〜55円

東京電灯（東京電力の前身）
帝大　75円、私大　55〜60円、専門学校　60〜70円、中等程度　35〜55円

三越呉服店
帝大　65円、商大60円、早慶　55円、その他の私大　50円、私大専門部　45円、甲種商業　日給1円50銭、中学　日給1円40銭

南満洲鉄道
帝大　80円、私大　76〜80円、専門学校　70〜76円、中等程度　日給

日本銀行
帝大　48円、私大　34〜40円、専門学校　29〜37円、中等程度　23〜29円
(これに手当が付くので、実支給額は各1.9倍。つまり帝大で約90円、私大で最高76円になる)

図表1−1　戦前における超一流企業の学歴別初任給
(岩瀬彰『「月給百円」サラリーマン』講談社現代新書、2006年より。金額は昭和2年のもの)

いということである。官学も私学も同じ年数の教育を修了しているにもかかわらず、その両者に差をつけていたことになる。さらに、住友合資や日本郵船に代表されるように、商大専門部や神戸高商卒が私大卒よりも初任給が高いという不思議な現象もあった。高等商業学校は旧制大学よりも三年間修業年限が短いにもかかわらず、私大よりも初任給が高いというのは、学歴水準の低い者が高い者よりも高い評価を受けていることになる。

官学優先、私学軽視の理由

帝国大学、商科大学、高商といった官立学校卒業生は、私大卒よりもはるかに高い学歴修得者とみなされていた。なぜこのような官学優先、私学軽視の政策が戦前の日本ではびこったのであろうか。いくつかの理由がある。

第一に、東大、京大といった旧制帝国大学は日本の指導者育成を目的として、国策として政府が作った学校であった。その後、東北、九州、北海道、大阪、名古屋、京城、台北にも誕生し、帝大は九校となった。このような経緯があったため、企業や社会もこれに応えるべく、帝大卒の学生を初任給から私大卒と区別して優遇したのである。

第二に、学生側からしても、優秀な学生は旧制高校から帝国大学に進学することを当然のように目標にしていた。旧制高校の入学試験が激烈であったことはよく知られていたが、旧制高校卒業生はほとんどが帝大を中心にした旧制大学に進学できた。一方、旧制高校に進学できなかった学生が、私大の予科や専門部に進学するという構図があり、官学と私学のあいだに、学力の差が存在することが認知されていた。学力の差が本人の社会での活躍にどれだけ影響があるのか、必ずしも明確ではないと言った方がよいが、戦前日本の学歴社会においては、処遇に差がつけられたことは不思議ではなかったのである。

第三に、先ほど現代の企業における「総合職」と「一般職」の区別を述べたが、戦前においても帝大出と私大出のあいだにこれに似た処遇の差があった。現代では将来の幹部にならない「一般職」のほとんどが女性であるが、戦前では帝大出が将来の中枢幹部候補生とみなされ、私大卒業生の昇進は中堅までとみなされていたとも言える。その証拠として、昇進のスピードが早かったのは帝大出や商大出であったし、名門大企業の重役、社長などの多くがその人たちで占められていたのが、戦前の日本であった。

例えば、三大財閥の一つである住友財閥の総理事（事実上のトップ）は、明治一〇年の初代から財閥解体までの七人のうち、初代と二代目をのぞいて東京帝大出身者である。初代と二代目の頃は所有と経営の分離が明確でなかったし、日本の高等教育制度も確立していなかったので、そもそも東京帝大出身の人が総理事になるような年齢に達していなかった。住友の総理事がほぼ全員東京帝大卒ということで、戦前の経済界は帝大出が占めていたことがわかってもらえよう。

他の私大より一段高い評価

このように、帝大出と私大出が歴然と区別されていた戦前日本の学歴社会であったが、三菱合資、日本郵船や三越呉服店に示されるように、私大のなかにあっても早慶卒は他の私大卒よりも初任給が高かった。早慶卒が他の私大卒よりも一段高い評価であったことを強調しておこう。この事実は後に早慶を議論するときに重要となる。戦前において私大のなかでは高い地位を占めていたことが戦後、特に一九七九年以降にますます開花するための土壌となったのである。

ではなぜ帝大優先の時期にあっても、戦前において早慶が私大のなかで特殊な地位を占めていたのであろうか。さまざまな理由が考えられる。

第一に、福沢諭吉（一八三五～一九〇一）が安政五年（一八五八）に慶應義塾の前身である蘭学塾を創立し、大隈重信（一八三八～一九二二）が明治一五年（一八八二）に早稲田の前身である東京専門学校を創立しており、早慶は最古参の学校としてすでに有為な人材を世に送り出していた。明治政府のなかにも早慶の出身者がいて、特に慶応の出身者（中退をふくむ）には矢野文雄《やのふみお》（龍渓）、尾崎行雄《おざきゆきお》、犬養毅《いぬかいつよし》といった指導者がいた。また大隈重信は後に首相になったように、政治家として権勢を誇った。後に示すように、政治家輩出の早稲田の伝統は、大隈以来である。

第二に、一部の企業において慶応の出身者が経営者や幹部として活躍するようになり、経済界の慶応という名を世に示すようになった。例えば、三井の中上川彦次郎《なかみがわひこじろう》、三菱の荘田平五郎《しょうだへいごろう》、電力の松永安左エ門《まつながやすざえもん》、製紙の藤原銀次郎《ふじわらぎんじろう》、などが有名である。「慶応にあらずんば人にあらず」とまで言われる企業も登場するほどであった。例えば、三井銀行、鐘淵紡績《かねがふち》、三越などである。なかでも、企業福祉の創設者といってよい鐘紡の武藤山治《むとうさんじ》は特筆すべきである。明治期において慶応卒業生がいかに実業界で活躍したかを知るには、武内成『明治期三井と慶応義塾卒業生』が有用である。経済界の慶応という名は戦後においても引き継がれる。

早慶はなぜ政治や経済の世界に人材を輩出したのだろうか。

すでに述べたように、戦前の日本は帝大を中心にした官学出がエリートであった。東大を筆頭にした官学は官僚養成を大きな目的としていたので、東大などの卒業生の多くは官僚となる傾向が強かった。官学出のエリートが進んだもうひとつの分野は司法の世界で、裁判官、検事などになる者がいた。また、帝大卒業生の重要な人材供給先として、学者、研究者と教師を忘れてはならない。勉強好きの帝大生のうち、学問の道に進む者が多くいたことは自然なことだし、大学以外での教師をめざす人も少なからず存在していた。

官界、司法界、学界に進む帝大生の多かったことを逆に解釈すれば、実業界に進出する者はそう多くなかった、ということになる。早稲田は国民新聞の馬場恒吾《ばばつねご》や実業之日本社を創立した増田義一《ますだぎいち》など昔からマスコミ・出版関係に強かったし、地方政界に多く人材を供給していた。慶応の卒業生は官界などに進出する気はほとんどなく、優秀な人の多くが実業界に進出した。このことが、多くの経営者を生んだひとつの理由である。官界などにあまり進まなかった東京と神戸の商大の卒業生にもそのことはあてはまるのである。

2　戦後学制改革の波紋

新制大学の誕生

旧制帝大が新制の国立大学となり、商大・工大もそれぞれが一橋大、神戸大、大阪市立大、東京工大となり、戦後の学制改革がスタートした。旧制高校、旧高商、旧高工、旧師範学校もそれぞれが総合大学の一部として大学に昇格した。私立においても、旧制大学、旧専門部、旧制高校などが総合大学として新しくスタートした。このようにさまざまな昇格・統合が重ねられて、新制大学がスタートしたのであった。
戦後の大学体制の変化をまとめればつぎのように要約できよう。

①国立大学がすべての県に少なくとも一校は設立された。
②受験の機会を二度与えるために、国公立大学の入学試験期日を二つに区分して、一期校と二期校とされた。一期校が難関校、二期校がそうでない大学という評価が定着した。ちなみに、旧帝大などはすべて一期校となった。
③かなりの数の女子大学が存在したが、大学は原則として男女共学制となった。
④国公立大学と私立大学の財政基盤に関していえば、前者は大半を公費でまかない、授業料の貢献は低く、後者は自校の基金と多額の授業料でまかなっていた。

他にも新制大学の特徴はいくつもあるが、ここでは早慶を評価するに際して有用な点だけを抽出している。新制大学の誕生は両校にどのような影響を与えたのであろうか。戦後の大学教育改革のなかでもっとも影響を与えたのは、旧制高校と旧帝大の改廃にある。戦前期、早慶は帝大の後塵を拝していたと述べたが、旧制高校と旧帝大が新制大学へと改組されたことにより、いわゆる早慶をふくめたレベルの高い大学の地位を変化させた。

もっともわかりやすい例は、旧制高校のなかでもいわゆるナンバー・スクール（第一高等学校から第八高等学校まで）と呼ばれたエリート校が、新制大学に組み入れられたことで示される。一高は東大へ、二高は東北大へ、三高は京大へ、八高は名古屋大へと、旧帝大に組み入れられ、エリート校の地位を確保できたが、四高は金沢大へ、五高は熊本大へ、六高は岡山大へ、七高は鹿児島大へ組み入れられ、その地位がやや低下した。戦前では旧制高校、特にナンバー・スクールをめざしていた優秀な学生が、旧制高校が改廃されたことによって旧帝大をめざすようになったのである。しかも、これらの大学はすべて一期校である。

北の北大から西の九大まで、地域を代表する七校の旧帝大（九校のうち京城帝国大学と台北帝国大学は一九四五年に廃止）では、地元の秀才がまず進学をめざすようになった。そのなかでも特に優秀な高校生は東大や京大をめざしたのであった。戦後しばらくこの伝統がつづくが、一九七九年に二つの大きな変革が起きた。共通一次試験の導入と、一期校・二期校制の廃止である。この二つの変革は後に論じることとして、一九七九年以前の大学界を特徴づける事柄を述べておく必要がある。

「貧乏人の子弟は国公立大学へ」

それは国公立大学と私立大学の学費の違いである。図表1―2は国立大学と私立大学の

（単位：円）

年度	国立大学の初年度学生納付金 入学料	授業料	総額	私立大学の初年度学生納付金 入学料	施設・設備費	授業料	総額
1949	200	1,800	2,000				
1954	400	6,000	6,400				
1959	1,000	9,000	10,000			28,641	61,784
1964	1,500	12,000	13,500			61,746	148,580
1969	4,000	12,000	16,000			84,048	221,874
1974	12,000	36,000	48,000				283,549
1979	80,000	144,000	224,000	175,999	147,440	325,198	648,637
1984	120,000	252,000	372,000	225,820	201,385	451,722	878,927
1989	185,400	339,600	525,000	256,600	207,932	570,584	1,035,116
1994	260,000	411,600	671,600	280,892	183,725	708,847	1,173,464
1999	275,000	478,800	753,800	290,815	198,982	783,298	1,273,095
2004	282,000	520,800	802,800	279,974	204,448	817,952	1,302,194

図表1−2　戦後の大学における初年度納付金
（福地誠『教育格差絶望社会』洋泉社、2006年より。空白部は内訳の詳細不明）

学費の変化を、終戦直後から現在までにわたって示したものである。高度成長期の一九五九年度では、国立大学の入学料が一〇〇〇円、授業料は九〇〇〇円で初年度納付金が一万円であるのに対して、私立大学の授業料は二万八六四一円で、入学料などをあわせると初年度納付金が六万一七八四円である。授業料で比較すると、私学は国立の約三・二倍であった。それが一九六九年度になると、国立の授業料が一万二〇〇〇円、私立が八万四〇四八円となり、格差は約七倍に拡大した。戦後の二〇〜三〇年間、国立大の学費は私立大の学費よりもかなり低かったのである。

これだけ大きな学費の格差があれば、大学に進学する学生の志望に大きな影響を与えたのも無理はない。具体的に言えば、多くの学生が国公立大学を第一志望とした。旧帝大や一橋大、東工大を中心にした一期校を第一志望とするのは自然なことだとしても、第二志望も二期校の大学を志望する学生が多かったのである。早慶のような名門私立大学が存在することはわかっているが、学費の問題で二期校を選択する学生もかなりいたのである。

それは当時の家計所得の水準から説明できる。一九五〇年代から六〇年代にかけての高度成長期を経て日本は豊かになりつつあったが、家計所得に関していえば、まだまだすべての家庭で余裕があったとは言えず、多くの家庭が国公立大学を選択せざるをえなかったのである。「貧乏人の子弟は国公立大学へ」という合言葉が当時流布していたことが象徴している。

しかし、いつの時代でも家計に余裕のある家庭も存在していたので、一期校に不合格だった場合に二期校をめざさず、私学の名門校に進学した学生も少なからずいた。もう少し具体的に言えば、東大・京大・一橋大・東工大などの超名門校の受験に失敗すれば、二期校には目もくれず早慶をめざす学生が多数出現するようになった。このことは関西での同志社、関西《かんせい》学院などにもあてはまる。一九七九年までの早慶を特徴づければ、国立の難関校を不合格になった学生が早慶に殺到していたのである。もとより、最初から国立をめざさず、早慶を第一志望としていた学生もかなりの数存在していたのも事実である。早慶は国立失敗組と第一志望組が混在していた、と結論づけられるべきである。

高度成長と東京集中と

なぜ早慶の人気が上昇したかを簡単にまとめておこう。一九七九年以降、その人気はますます上昇するが、それ以前に人気上昇の前兆をみてみよう。

第一に、一九七三年のオイル・ショックまでつづく高度成長期によって、国民の平均所得が増加し、子弟を私立大学に進学させられるだけの所得を確保できる家計の数が増加した。

第二に、第一の点と関係するが、地方から東京の大学に子弟を進学させられるようになった。このことは特に地方で人気の高い早稲田大学への進学を可能にしたと言える。同時に日本社会が東京集中を経験するようになり、東京進学は若い人にとって憧れともなったことが背後にある。

第三に、東京近辺在住の受験生にとって、早慶の両大学の魅力が高まった。特に経済界に強く、しかもブランド力をあげている慶応の魅力が高まった。東大か一橋が無理なら、東京を離れて地方の大学に行くよりも、早慶への進学を希望するのが自然となった。戦前は旧制高校の多くは地方にあったので、東京育ちの若者も進んで地方に行った。例えば作家の辻邦生《つじくにお》と北杜夫《きたもりお》は東京育ちでありながら旧制松本高校（現・信州大）に進んだ。しかし、旧制高校の改廃により、地方に行く若者が減少した。

第四に、国立大学は入試に五教科七科目を課す大学が多かったが、私立大学のほとんどは三科目型が多かった。国立の重い負担を嫌って、私学の軽い負担を好むようになり、私学を第一志望にする学生が増加した。これは一部の学力優秀な受験生のなかにもみられたことで、早慶両校がその象徴となった。

3　沸騰する早慶人気

殺到する志願者

近年の早慶両大学の人気がどれほど高いか、入学試験の競争倍率でみてみよう。紹介する倍率は受験者数に対する合格者数の倍率であって、入学者数の倍率ではない。私立大学は入学定員よりもかなり多めに合格者を選び出して、そのうち実際に入学を辞退する人が出てくるのに備えている。入学者を基準にすべきか、合格者を基準にすべきか、どちらとも言えないが、慶応は入学者数を公表していないので、両校間の比較を可能にするために合格者を基準とした。

図表1—3がそれを示したものである。少子化の影響により、私立大学は入学者が定員

早稲田大学		慶応大学	
学部	倍率	学部	倍率
法学部	4.0	法学部	8.1
政治経済学部	8.7	総合政策学部	5.3
商学部	7.8	経済学部	5.2
教育学部	6.1	商学部	4.1
社会科学部	10.6	文学部	3.6
人間科学部	4.7	環境情報学部	5.5
国際教養学部	3.3	理工学部	3.2
スポーツ科学部	6.8	看護医療学部	5.2
(他の学部は新設で不明)		医学部	16.2

図表1−3　早稲田大学と慶応大学の入試倍率（2007年度）
(『2008年版大学ランキング』朝日新聞社より)

割れを起こしている場合が多いが、早慶両大学は表にあるすべての学部において倍率は三倍以上であり、他の私立大学の悩みとは無縁の世界にいる。早慶への入学希望者は数多いのである。

学部別に倍率の違いに注目すれば、人気の高い学部は一〇倍を超えていることがわかる。倍率の高さと入試の難易度は必ずしも相関は高くないが、慶応医学部の一六・二倍は特記すべき高さであるし、同学部の入試難易度は東大理III（医学部進学課程）並みと言われていて、超難関でもある。さらに早稲田の政治経済、慶応の経済という看板学部も五倍を超えており、人気の高さを理解できる。なお、本章では、入試の倍率の高さから早慶両大学の人気を示したが、入試の難易度もそれを物語るもう一つの指標である。それについては第五章で扱う。

著者はこの早慶人気を考えるうえで、一九七九年は重要な節目にあたると考えている。もちろん、一九七九年という年に、突然早慶人気が沸騰したのではない。すでに述べたように、早慶人気はそれ以前から徐々に上昇していた。ただし、一九七九年に大学入試制度に大きな変革があり、この変革がこれまでの上昇に大いに拍車をかけたと言った方が正しい。その変革とは、すでに言及した共通一次試験制度（現センター試験）の導入と、国公立大学の一期校・二期校制の廃止である。

共通一次試験は何をもたらしたか

共通一次試験制度の導入は、従来の入試制度は受験戦争を煽《あお》り、高校教育を破壊しているとの認識が高まったことに対応するための策である。入学試験の問題に奇問・難問が多いのは、各大学が個別に入試問題を出題していることに原因があるとされ、専門家が周到に準備して作成した問題を、国公立大学の志願者全員に受験してもらう制度を考案した。共通一次試験の結果だけで合格者を決定してもよいが、多くの大学はそれを第一段階の足切りのために用いて、共通一次試験後に各大学が個別に二次試験を課した。その結果、たしかに奇問・難問はなくなり、共通一次の試験は良問が多くなったが、別の副作用として偏差値という名で象徴されるように、国公立大学の序列化が鮮明となった。

大学の序列化は偏差値という一つの基準だけによって大学が評価されることを意味しており、国民に大学の優劣を広く認知させることとなった。偏差値の高い大学、低い大学という言葉が日常で用いられるようになった。大学は研究・教育をおこなう場所なので、学力が指標として用いられるのは必ずしも悪いことではないが、学力以外で評価される大学の個性がさほど顧みられなくなった。このような国公立大学の序列化と没個性化は、個性を生かすことの可能な私立大学の地位の向上に貢献した。序列化の波から逃れられるメリットがあるし、大学の個性をますます強化できるからである。私立大学は自らの大学のよい点を世に知らしめることが可能となった。その代表が早慶の両校であった。どこがよい点であるかは後に述べる。

共通一次試験は主として国公立大学用なので、五教科七科目が課せられたが、これは、一部の受験生にとってかなりの負担となった。受験勉強をする学生にとって、七科目を準備するのか、それとも三科目の準備だけでよいのか、その差はかなり大きい。それは、心理的な負担のみならず、特定の科目をどれだけ深く準備できるかということと関係するからである。これは早い段階で国公立型か、それとも私立型かの選択を高校生に迫ることになるし、現に高校生は自分の特性に合わせて、国公立か私立かを早い段階で選択した。このことも私立の人気上昇に寄与した。学力の高い層が早慶を第一志望とするようになったのである。

余談であるが、この現象は受験界に微妙な変化をもたらした。早い段階で私立型を選択した高校生は、他の科目を無視して三科目を徹底的に勉強できるので、それらの科目に相当強くなれる。一方、国公立型を選択した高校生は、五教科七科目をまんべんなく勉強せねばならず、どうしても広く浅くならざるをえない。つまり、国公立に合格する者のなかでも、私立には不合格となる者が出てくる可能性があり、象徴的に言えば、東大に合格しても早慶には不合格という受験生が出てきたということである。

一期校・二期校制度の廃止

一九七九年の変革のもうひとつは、国公立大学の一期校・二期校制度の廃止であった。従来は一期校の受験に失敗した者が、二期校を受験する機会があったが、それがなくなったことになる。もし旧一期校がダメなら、私学を第二志望とするように、学力の高い層を私学、なかでも早慶へ仕向ける効果があった。

一九七九年以前から早慶への人気は高まっていたが、一九七九年の国公立大学の入試制度の変革は、これまでいくつか述べたようにその人気度をますます高めることに貢献した。

それ以外にも、早慶の人気が沸騰し、優秀な学生を集めるようになった理由はいくつかある。それらは早慶そのものの変化ということだけではなく、東京集中化、少子化、格差社会の到来など、社会の変化にも影響を受けている。これらについても言及してみたい。

学費差の急激な縮小

図表1―2をもう一度検討してみよう。一九五九年度に私学は国立の三・二倍の授業料を徴収し、六九年には七倍であった。その後、国立の学費の上げ幅が私学のそれを上まわっていることに注目する必要がある。七九年度では国立の授業料が一四万四〇〇〇円であるのに対して、私学は三二万五一九八円である。倍率で二・三倍であり、六九年度と比較して一〇年のあいだに七倍から急激に格差を縮小したことになる。

一九八九年度になると、国立の授業料が三三万九六〇〇円であったのに対して、私学は五七万五五八四円であり、一・七倍へとやや縮小した。一九九九年度になると、国立が四七万八八〇〇円であったのに対して、私学は七八万三二九八円であり、倍率は一・六倍となっており、八九年度とほぼ変わらずである。この調査の最新時点（二〇〇四年度）では国立五二万八〇〇円、私学八一万七九五二円となっており、倍率は約一・六倍である。

以上、国立と私立の学費差を歴史的な変遷から評価すると、つぎのようなことが言える。一九七〇年以前は学費（授業料）差はかなりあったが、七〇年代後半に入ると学費差は急激に縮小した。八〇年代以降は私学の学費が二倍前後で推移し、現在ではそれがやや低下して一・六倍前後である。国立の学費の伸び率が、私学のそれを上まわったことを確認できるのである。

なぜ学費差が縮小したのか、つぎの三つの大きな理由がある。

第一に、一九七〇年代に私立大学の財政危機が顕在化したことにより、国費を投じて私学を救済する手段が、一九七六年から採用された。この私学助成金は、私立大学の財政の大半が学生負担に依存してきた姿を変更することになった。その後も私学助成金が増額されたので、私学は学費の値上げ幅を抑制できたのである。

第二に、国公立大学の学費が安過ぎる、という批判が高まった。「貧乏人の子弟は国公立大学へ」の言葉で代表されるように、学費の安い国公立大学は教育の機会平等策に貢献したが、私立大学の学費と比較すれば安過ぎると認識されるようになった。国公立の学生もそれなりの自己負担をすべし、との声が高まったのである。

第三に、一九六五年度に政府が国債を発行するようになり、それ以降財政赤字の額が大きくなってきた。財政赤字を縮小すべく、政府が公共支出額をできるだけ抑えはじめたし、税収を増加させはじめた。さらに、産業界に貢献する人材を育成すべく、理工系を中心にして国立大学の規模が拡大傾向にあったが、その負担の一部を学生にしてもらうべし、との雰囲気が政府内にもあった。

このような理由から、国公立大学の学費はかなりのピッチで増額されたが、一方私立大学の学費の伸びはそれほどでもなかったので、国公立と私立の学費差はかなり小さくなった。この事実は受験生にとって大学進学先の決定において、学費という条件が大きな考慮の対象でなくなったことを意味する。もとより、まだ学費差は存在するので、家庭の経済力の弱い受験生はまだ国公立の志向が強かった。言い換えれば、以前のように格差がありすぎた場合には、強い国公立志向がうかがえたが、それが弱くなったと理解した方がよい。国公立と私学が学費の点でやや無差別に近くなったということである。

この事実は私立大学を希望する者にとって好都合であるし、私立大学にとっては志願者の増加、それに優秀な学生の確保につながることであった。とりわけ、私学のなかの名門校、特に早慶両校にとって多くの志願者を引きつける要因となった。

ところで、国公立と私学のあいだの学費差は小さくなったが、絶対額でみれば現在のように国公立大学が五二万円、私立大学が八二万円の授業料であれば、家計にとって相当な負担と言わざるをえない。これに入学料やその他の学費、それに生活費等を加味すれば、一人の子どもを大学に進学させるのに相当な覚悟がいる。特に子どもが親の居住地を離れれば、子どもの住居費も別にかかるし、それが東京であればなおさら重い負担がふりかかる。

これだけ高い学費・生活費の負担を強いられるとすれば、貧乏人の子弟は大学進学が困難になる場合が多くなる。もし経済的な理由によって大学進学が不可能になるなら、教育の機会均等という大切な原則に反することになる。どのような対策が期待できるかを論じている拙著『格差社会』を参照されたい。

早稲田に憧れた地方の若者

高度成長期に日本は未曾有《みぞう》の地域間労働移動を経験した。就業機会を求めて、地方から若者を中心にして大都会への大規模な移動が発生した。〝集団就職〟という言葉を最近の若い人は知らないかもしれないが、多くの若者が地方から東京、大阪、名古屋へと、学校卒業後に働くために移住した。日本の経済活動は都市に集中したのである。特に東京集中は経済のみならず、政治、学問、文化、スポーツなどのあらゆる分野で進行し、東京一極集中と言っても過言ではない時代を、高度成長期以降に迎えることとなった。

この東京一極集中現象が若者に、東京に行きたい、という希望を与えることとなった。多くの若者が東京にいるし、街はにぎやかだし、文化・スポーツ活動も盛んだし、とにかく魅力に満ちた東京に一度は住んでみたい、という希望を若者が抱くのは自然である。この夢を満たす一つの方法は、地方から東京の大学に進学することである。東京には質の高い、かつ有名な大学が多くあるので、東京進学を考える若者が増加したのである。もっとも大学を卒業する際に、東京で就職するのか、それとも地元に戻るのか、という選択に迫られるのであるが、とりあえずは東京の大学に進学を、と考えたのである。

そうした若者がめざしたのが早稲田大学である。早稲田大学は昔から地方の若者にとって憧れであった（出身地域別学生数については図表4―2参照）。政治家、文人、ジャーナリストなどとして活躍している卒業生が多かったし、青雲の志を抱いて地方から早稲田に進学した学生の数が多かったことはよく知られていた。〝野人の早稲田マン〟になるために、地方から上京して早稲田に入学するのは自然な夢だったのである。奇《く》しくも東京一極集中の時代だったので、地方から早稲田をめざす雰囲気がいやがうえにも高まった。慶応をめざす学生もいたが、どちらかと言えば慶応はシティ・ボーイが希望するとのイメージがあり、地方ボーイは早稲田に憧れた。

幼稚舎人気の理由

東京が日本の一大中心地になったということは、各界で活躍する人物が東京に集まったことを意味する。

国会議員はそれぞれの地元選挙区で選出されるが、活動の場は東京にあり、家族ともども東京に住む場合が圧倒的に多い。経済人に関しても、多くの企業の本社が東京にあるので、企業の幹部は東京に住むことは普通であった。

そうした各界で活躍する人びとの子どもが、どこの学校を選択するか。比較的所得の高い人が多く、かつ指導者層でもある彼らは、自分の子どもをどこの学校に入学させるかということに関心が高い。これらの子どもはいわゆる二世、三世と呼ばれる世代である。

優秀な子どもが入学する学校、さらに上流階級の子弟の集まる学校を彼らが希望するのは不思議ではない。くりかえしになるが、親は所得が高いので学費の高い学校に子弟を送ることができるし、教育水準の高い層の親が多いので、できるだけ質の高い子弟の集まる学校を希望するのである。

学校にもいろいろな学校がある。小学校、中学校、高校、大学と区分されているが、小学校に注目すれば、慶應義塾幼稚舎はよく知られている。他にも青山、学習院、成城、成蹊といった私立の小学校が有名であるし、早稲田にも早稲田実業初等部があるが、慶応の方が一貫教育の伝統があるので、幼稚舎を代表させる。

いわゆる〝お受験〟として小学校入試の突破を願う親の層がいるが、なぜ幼稚舎に志願者が殺到するかといえば、つぎの四つの理由がある（詳しいことは第三章で述べる）。

第一に、小学校から大学まで受験の苦労なしに、慶応大学に進学できる。

第二に、小学校入試は子どもの学力がまだはっきりわからないときにおこなわれるので、親の経済力などが作用する余地がある。

第三に、良家の子女が多いので安心だし、良い教育で知られている。

第四に、上流階級や指導者層の子女が多いので、子どものあいだでの人的結びつきに期待できる。

以上は慶応の幼稚舎を例にしたが、慶応の中学校や高校から入学する場合においても、四つの特色は大なり小なりあてはまる。実際、慶応の中学や高校への入学希望者数は多い。したがって、入学試験も相当に厳しい状況になっている。

大学から慶応に進学する学生のことを考えてみたい。附属校からの進学生は、途中で他の学校に転校、入学することも可能であったが、慶応大学を選択したのであるから慶応に満足しているだろうし、慶応を愛する気持ちも一般的には強いと思われる。大学から進学する学生はつぎの二つに分けられる。

一つは、受験科目を最初から三科目に限定して、慶応（ないし早稲田）を第一志望にしている学生である。他方は、東大などの国立名門校の入試に失敗して、第二志望として入学した学生である。
この前者のグループに属する学生に、いわゆる二世・三世と言われる人が少なからずいる。必ずしも慶応の附属高校からの進学ではないが、慶応大学への入学を第一志望として熱望する学生には、幼稚舎などの系列校で述べた特色が、そのままあてはまる傾向が強い。育ちがよく、猛勉強して東大などの国立名門校をめざすことに関心がないか、めざすことに意義を感じない人びとである。当然のことながら、二世・三世でなくとも、早慶を第一志望にする人びとも多くいる。さらに、後者に属するグループであっても、入学時は多少不本意であったとしても在学中に慶応の雰囲気になじむし、卒業後は慶応を愛する人が多い、と言えるのである。

ところで、慶応大学の入学生のうち、内部進学者と外部進学者のあいだに、学力差や勉強意欲に差はあるのだろうか。慶応大学の先生方の話によると、内部進学者は二極分解するとのことである。半自動的に内部進学すれば、受験戦争の荒波から無縁の世界にいるので、学力への意欲の低い学生が出ることは自然である。さらに、必ずしも学力だけで選抜されなかった幼稚舎出身の学生は、能力そのものが不足しているケースもあるだろう。一方、受験戦争の悪弊にのみこまれないことが幸いして、真に学問に強い関心を抱く優秀な学生も内部進学者にいると予想できる。一方、外部からの進学者に関しては、慶応のみならず他の大学にもあてはまることであるが、学力や勉強意欲は多様に分散しているとみなせる。

典型的な二世政治家

二世・三世の話題に戻ろう。二世・三世を語るときにもっともわかりやすいのは、政治家、特に国会議員である。地方で選出される議員も実際の居住地は東京の場合が多いと述べたが、その例として故橋本龍太郎元首相を挙げてみよう。

父親は岡山選出の国会議員であったが、息子の龍太郎は東京の学校に通った。最近政治家を多く輩出している麻布中・高校を経て慶応大学法学部を卒業した。二世政治家の典型的な学歴である。福田康夫氏も二世であるが、彼は麻布・早稲田の学歴である。小泉純一郎元首相は神奈川県の横須賀高校から慶応大学経済学部を卒業している。

じつは民主党党首の小沢一郎氏も似た経歴である。父親は岩手選出の国会議員であったが、息子の一郎は同じく東京の学校に通った。進学校として有名だった小石川高校を卒業し東大をめざしたが、二浪後慶応大学経済学部に入学して、同校を卒業している。

二世政治家でもっとも典型的なのは石原伸晃氏である。作家、国会議員、大臣、東京都知事という経歴を歩む石原慎太郎氏の長男である。父親は一橋大という国立の難関校を卒業したが、息子は中学から慶応普通部に入学し、当然のことながら慶応大学を卒業している。橋本・福田・小泉・小沢のように大学から早慶に進学したのではなく、本格派の慶応ボーイと呼んでよい学歴である。これからの慶応出の政治家は中学、高校から慶応という人が増加しそうである。橋本などの世代より一代若い石原伸晃が典型であるが、若い世代は小学校や中学から慶応をめざす可能性が高いからである。ちなみに、弟の石原宏高衆議院議員も慶応育ちである。

余談であるが、石原慎太郎の弟は一世を風靡した映画俳優・歌手であった石原裕次郎である。弟は慶応大学の学生であったが、良家の出で、しかも格好良かったので、女性にもてた。典型的な慶応ボーイと言えよう。兄の慎太郎は弟の裕次郎の遊びぶりをうらやましく思っていたとの説もあるが、国立大学と慶応大学の違いを示すエピソードでもある。

早慶の二世・三世議員率

二世・三世議員を象徴するデータがある。増田晶文の「早慶「大学力」を診断する」によると、慶応二世・三世議員は四四人と断トツである。ちなみに、第二位は東大の三四人、第三位は早稲田の二〇人である。二世・三世の慶応好みを反映している証拠となりうるが、東大の三四人も捨てたものではない。政治家の子弟であっても勉強意欲の高い人がいることを示しているのである。その代表例は、よく知られているように鳩山一家であり、民主党の由紀夫氏の長男まで五代つづけて東大出というのはある意味で見事である。

もっとも興味深いのは早稲田の二世・三世が意外と少ないことである。国会議員を学歴別にみると、二〇〇七年七月の参議院選挙の前で早稲田が九一人で断トツであり、ついで慶応が七四人となっている。慶応の二世・三世率は五八パーセントの驚異的な高さであるのに対して、早稲田の二世・三世率は二二パーセントと低い。早稲田大学は地方から青雲の志を抱いて進学する学生が多いと述べたが、まさに地方から国会議員をめざすのが早大生なのである。いずれにせよ、早慶出身の政治家を比較すれば、二世・三世率の大きな差はまさに早慶の特色の違いを如実に物語っていて興味深い。

政治家以外の分野、例えば経営者、医者、芸能人などの分野においても、二世・三世が多く存在する時代になっている。世のなかは格差社会に入った、あるいは階層固定化の時代に入ったとされるが、早慶、特に慶応大学がその象徴となっているのである。これら各種の分野でどれだけの二世・三世が存在するかを調査することは容易ではない。上層階級の代表である政治家だけを取り上げて、慶応が現代日本の格差社会ないし階層社会を象徴する学校となっていることを示してみた。

上場企業社長・役員の出身大学

ほとんどの大学生は卒業後に仕事に就く。自営業に就く人、企業に就職する人、公務員になる人、さまざまな進路がある。もしある大学の卒業生の多くが、希望する特定の職種や企業に就職していることがわかれば、多くの高校生がその大学への進学を希望するだろう。自分もその道を歩むことができるだろう、と予想するからである。この予想を満たす代表的な大学が早稲田と慶応なのである。

企業に就職する人に焦点をあてて、早慶の卒業生が実業界でいかに成功し、かつ恵まれた就職先に身をおいているかを確認しておこう。官界、学界、司法界、医学界など、世のなかにはさまざまな職業があるが、早慶の特色のひとつは実業界での活躍ぶりにあるので、実業界に注目してみよう。

企業人となったからには、出世の花道は企業内での昇進である。昇進の頂点が社長(あるいは代表取締役)なので、まずは社長になる人の学歴に注目してみよう。図表1－4は上場企業三九四〇社の社長の出身大学を示したものである。日本の大企業における社長の学歴と言ってよい。

この表によると、トップが三〇三三人の慶応大学、二位が一七九人の東京大学、三位が一七三人の早稲田大学であり、四位の日本大学の九六人よりはるかに多い人数の社長を、上

順位	大学名	人数
1	慶應義塾大学	303
2	東京大学	179
3	早稲田大学	173
4	日本大学	96
5	京都大学	74
6	中央大学	70
7	同志社大学	60
8	明治大学	52
9	一橋大学	45
10	関西大学	43
10	大阪大学	43

図表1−4　社長になりやすい大学ベスト10
(『プレジデント』2007年10月15日号より)

順位	大学名	人数
1	慶應義塾大学	1,711
2	早稲田大学	1,405
3	東京大学	1,161
4	日本大学	675
5	中央大学	656
6	京都大学	572
7	明治大学	543
8	同志社大学	462
9	一橋大学	396
10	関西学院大学	359

図表1−5　役員になりやすい大学ベスト10
(同上)

位三大学は輩出している。早慶と東大でじつに一七パーセント弱の社長を生んでいる。大学の数は日本に何百とあるだけに、この三大学の突出ぶりがめだつ。本章の関心である早慶両校が、トップ3のうちふたつを占めているということは、この両校が実業界を支配しつつあると言っても過言ではない。

つぎは取締役である役員に注目してみよう。会社のトップである社長は会社に一人しかいないが、役員はその会社で数人から数十人いるので、当然その数は多い。社長は数多くの実力を示した候補者のなかからたった一人が選ばれるので、運によって決まる側面もあるのに対して、役員は高い業績を上げた実力者とみなせるので、実業界における人材の評価としての客観性は高い。

図表1—5は上場企業三九四〇社における役員を、大学別に示したものである。慶応が一七一一人のトップであり、ついで二位は早稲田の一四〇五人、三位は東大の一一六一人である。社長の場合と異なって、早稲田が東大を上まわっていることが注目される。早慶両校がトップ2を占めており、経営者を数多く輩出している大学の代表校であることがわかる。

日本の上場企業では、早慶の両大学が社長・役員といった経営陣を輩出しており、先輩につづけとばかり両校の卒業生がこれらの企業への就職をめざそうとすることは当然予想できる。その一端を表で示しておこう。

図表1—6は一九九七年と二〇〇七年の就職者の多かった企業名のトップ10を示したものである。一九九七年と二〇〇七年では人気のある業種も違うし、企業の採用人数も異なっているので、企業名に関しても両年で異なっている。しかし、表に挙がっている企業は超有名・超優良企業であり、早慶の卒業生は人気の高い企業に就職していることがわかる。

これまで実業界において早慶がいかに勢力を誇っているかを示してきたが、大学の卒業生全員が会社に就職するものでもない。官界、学界、司法界に入る学生もいる。例えば、東大や京大はこれらの分野に進む人が多い。さらに、大学によって卒業生の数が大きく異なる。早慶両校、特に早稲田の学生数の多さはよく知られている。これらの要因を調整したうえで、すなわち実業界にどれだけの卒業生が進んでいるのかを明確にしないと、社

早稲田大学			
1997年	人数	2007年	人数
NTT	131	三菱UFJFG	116
NEC	47	みずほFG	108
三菱電機	47	大和証券G本社	94
東芝	45	三井住友FG	80
富士通	44	日立製作所	69
日立製作所	43	損害保険ジャパン	63
NHK	40	NTTデータ	59
NTTデータ通信	39	トヨタ自動車	58
アンダーセンコンサルティング	37	キヤノン	58
富士銀行	35	NEC	53

慶應義塾大学			
1997年	人数	2007年	人数
NTT	59	みずほFG	186
三井物産	51	大和証券G本社	105
第一勧業銀行	46	東京海上日動火災保険	93
日本IBM	43	三菱UFJFG	92
JTB	37	キヤノン	65
第一生命保険	35	三井住友FG	52
富士銀行	33	電通	49
NHK	32	トヨタ自動車	46
東京海上火災保険	32	ソニー	45
東京三菱銀行	32	リクルート	43

図表1−6　早慶両大学卒業生の就職先ベスト10（1997年と2007年）

（『プレジデント』2007年10月15日号より）

長・役員の輩出率という正確な評価はできない。換言すれば、社長・役員の絶対数だけで実業界での成功度を評価することは、そもそも実業界に入る人の数が多いことの反映にすぎない恐れがあるからである。これらについては第三章と第四章で再述する。

実業界で成功する条件

このような問題は多少あるにせよ、早慶の両大学が実業界の分野で多くの有為な人材を輩出していることを確認できる。ビジネスの分野で成功するには、早慶両校を卒業することがうってつけなのである。なぜ、この両校の大活躍がみられるのだろうか。この課題を詳細に説明するにはあらたな書物を必要とするので、ここでは仮説だけを提示しておきたい。

①両校、特に慶応においては、卒業生の結束力が強い。会社においても人数の多い卒業生同士が、陰に陽に励まし合い、助け合う可能性が高まり、採用・昇進が有利となる。

②比較的恵まれた家庭に育った学生が多いので、人あたりがやわらかく、組織のなかで敵をつくらない人が多い。協調性は昇進にとって重要な基準の一つである。

③協調性だけでは昇進できない。早大生には建学の精神である独立心から生じる指導力、慶大生には実学重視の学風から生じるビジネスへの積極的な姿勢などが、企業人としての成功に導いた。特に慶応では、すでに述べたように歴史的にも実業界で人材を輩出してきたので、この世界で活躍を望む有能な人が多く入学している。

④東大生のような勉強の勝者ではない方が、ビジネスの世界に向いていることがある。勉強のできる人は自尊心の強い傾向があり、人とのつき合いが多いビジネスでは煙たがられることもあり、成功しない可能性がある。

⑤日本の企業では、営業・管理部門を経た人が経営者になる場合が多く、技術部門の人は少ない。前者は文科系卒業者であり、後者は理科系卒業者と言ってよい（例えば、拙著『昇進のしくみ』参照）。日本の大学では国立大学は理科系の学生が多く、私立大学は文科系の学生が多いので、経営者に私立大学出身者が多く、国立大学出身者が少なくなる傾向のあることも無視できない。

以上が、両校の卒業生が実業界で大活躍している理由である。第三章で詳しく議論する。

官界への新しい波

民間の経済界ではなく、官界に早慶の卒業生がどれほど進出しているかを簡単に見ておこう。図表1－7は国家公務員Ⅰ種合格者のうち、法律・経済職に限定してグループ別平均合格者数を示したものである。高級官僚の世界では理科系出身者は冷遇されてきたので、局長や事務次官に昇進する可能性のある事務職に注目する。この図は合格上位二〇校をグループ分けしたものである。すなわち、東大・京大グループ、その他旧帝大と一橋大、東工大、神戸大などの同等大学、それ以外の国公立大、早慶グループ、それ以外の私立大の五グループである。

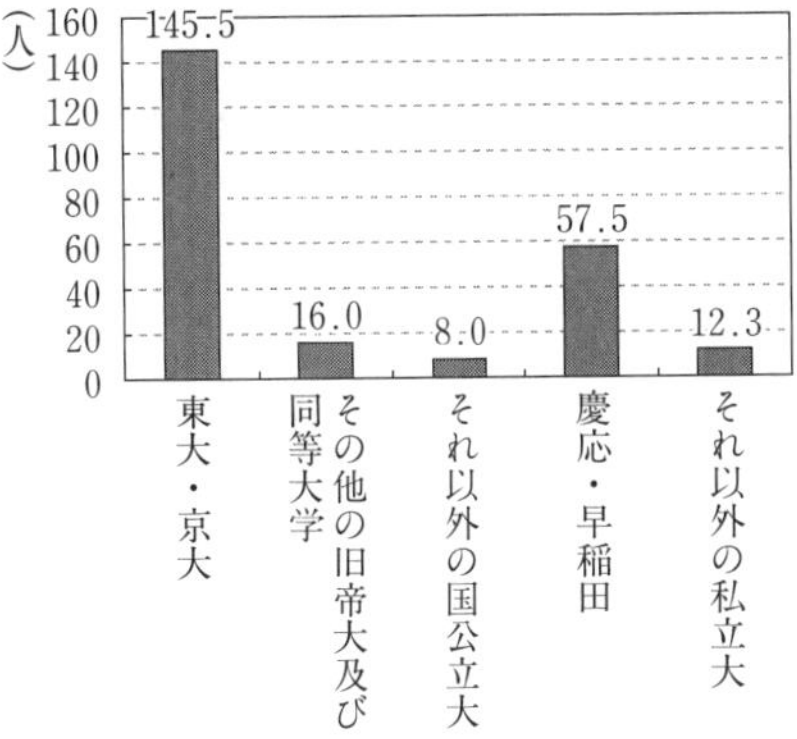

図表1－7　国家公務員Ⅰ種（法律・経済）上位20大学内グループ別平均合格者数（2007年度）

図に示されているように、高級官僚は、東大・京大・慶応・早稲田の四大学以外から出ることは非常に少ない。特に旧帝大が私立大学に比して高級官僚をより多く輩出しているとは言えないことがわかる。

以前は東大・京大以外の旧帝国大学卒も高級官僚をめざしていたが、現在ではそれに代わって早慶卒がめだつようになっている。もともと早慶両大学は反権力・反官僚を売り物にしてきたが、ここにいたってやや新しい波が早大・慶大生に押し寄せていることが見てとれる。

反権力・反官僚といわれてきた早慶両校生が、偏差値の上昇によって旧帝大系の学生の志向に近づいてきた要因もあるが、一方で東大生が官僚という仕事に魅力を感じなくなっていることもある。規制緩和・民間優先・天下り批判などの影響により、高級官僚が一昔前ほどのうまみのある職業でなくなりつつあり、東大生などの官僚志望者数が減少していることが考えられる。この状況で官僚を志望する早慶両校生が増えていくのか、興味がもたれるところでもある。

法曹界の人材輩出構造

法曹界のエリート輩出構造をつぎに見ることにする。最高裁判所の裁判官および判事をトップエリートと考えることもできれば、最高検察庁の検事をトップエリートと考えることもできよう。しかしながら、裁判官も検察官も弁護士も、突破が困難な司法試験に合格することが必要条件であるため、法曹界全般のエリート輩出構造を見るためには、司法試験合格者数で見ることが妥当と判断できよう。あるいは競争の厳しい資格試験に合格者を輩出しているのは、どこの大学かという観点から大学の実力を評価する、と言ってもよい。

図表1—8では、新司法試験合格者上位二〇大学内グループ別平均合格者数を示している。この表によると、東大・京大グループと慶応・早稲田のグループが比肩した強さを示している。さらに全般的には、国公立大と私立大の格差が小さくなっていることがわかる。法曹界の人材がごく少数の大学からではなく、多くの大学から集まってきており、そのなかでも、私学でいえば、早慶両校と司法の世界で伝統のある中央大学が、法曹界に多く進出しているのである。

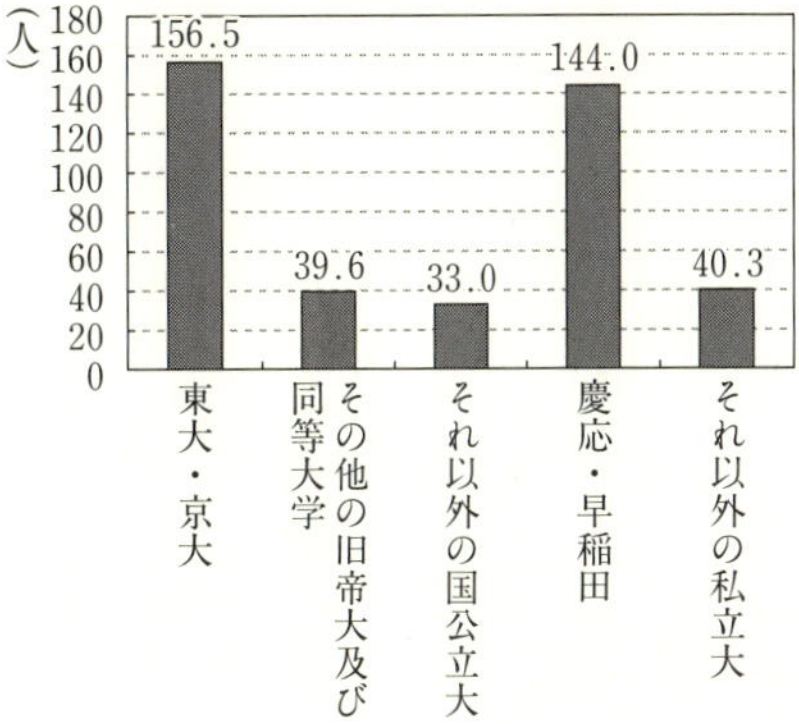

図表1—8　新司法試験上位20大学内グループ別平均合格者数（2007年度）

学生数の多いことのメリット

早稲田が学生数四万五〇〇〇人、慶応が

二万八〇〇〇人と両校ともに多くの学生を抱えている。特に早稲田のマスプロぶりがめだつ。当然ながら多くの卒業生が社会に出る。多くの卒業生がいれば、そのなかから才能豊かで、かつ頭角を現す人が多くなる可能性は高い。政治家や経営者の輩出についても、この卒業生の多さは有利に作用すると述べたが、組織に入らず個人としてリーダーや有名人となる人が出てくる可能性も高まる。小さな大学であればそれだけ人数が少ないので、めだつ人の数も少なくなる。

早稲田はこの点で傑出しており、個人の才能と努力が結実して、各分野のリーダーを多く輩出している。このことが世に知られるにつけ、こうした世界で活躍したいと希望する人が、早稲田に入学したいと思うのは自然なことである。

以上をまとめると、卒業生の数が多いことは、それらのなかから傑出した人を輩出する可能性を高めるが、学校の名声が高まると、それにつづこうとする有能な若者が入学してくることも忘れてはならない。大学の評価が確立されると、入学してくる学生の質がよくなることを意味しているのである。

メディアのなかの早慶

現代はメディアの時代である。新聞、テレビ、インターネットといった媒体を通じて、人びとは多くの情報を得られる。これらメディアは、政治家、経営者、文化人、芸能人、スポーツ選手などの著名人の出身校を世のなかに知らしめることに役立っている。そのメディアに早慶の卒業生が多く出現する。

甲子園の高校野球で時代の寵児《ちょうじ》となり、東京六大学野球で活躍中の斎藤佑樹は早大生である。人気者の彼は連日のように報道され、早稲田の名声はいやがうえにも高まる。アイドルユニット嵐の櫻井翔が幼稚舎から慶大というエリートコースであることもよく知られている。

一昔前のテレビ政治番組のなかで、政治家の故橋本龍太郎と石原伸晃両氏が、カメラの前で慶応のカフス・ボタンを見せあうということがあった。ほほえましいと思う人と、いやらしいと思う人がいるだろうが、テレビ時代の象徴的なシーンであった。

早慶両校の卒業生のメディア露出度が高まることによって、ますます両校の名声は高まり、両校に進学したいと希望する若者が増加するのである。

早稲田大学と慶応大学の卒業生の活躍がめだつ時代となり、早慶両大学はいまや名門校の代表となった。戦前においては、旧帝大の後塵を拝していたが、戦後になってその地位を向上させ、一九八〇年代に入るとその評価を急騰させた。本章では、いろいろな角度からその理由を探究した。

大学入試制度の変革、学費の効果、東京一極集中化の影響、私立校独自の校風、卒業生の多さとその結びつきの強さ、などを議論した。これらの理由のうち、早慶のあいだには違いがあることも指摘した。本章ではこれらのことを仮説的に述べたが、次章以降では創設者、建学精神、学校の歴史、早稲田と慶応それぞれ固有の特性を考えてみよう。

第二章　二人の創設者——福沢諭吉と大隈重信

安政五年（一八五八）に福沢諭吉が後の慶應義塾を創立して一世紀半余、明治一五年（一八八二）に大隈重信が東京専門学校を創立して一世紀と四分の一余、慶應義塾大学と早稲田大学は日本の私学の両雄として、多彩な人材を世に送り出してきた。

東大などの官学と異なり、私立学校の場合には建学精神が重要であるし、それがその後の学校の進路を決定してきた。特に創設者は建学精神や教育方針などを決めるうえできわめて重要であるし、入学してくる学生の性格や、卒業生の進路決定に果たす影響力も大きい。早慶両校にとって、福沢と大隈という創設者の存在ははかりしれないほどの大きさがある。本章では両人の人生をたどりながら両校の特色、そして校風を論じてみたい。

1　啓蒙思想家・福沢諭吉

学問好きのＤＮＡ

福沢は大隈よりも三歳年上であるし、慶應義塾の創設は東京専門学校の創設よりも四半世紀早いので、先に福沢を論じることにする。福沢の経歴については多くを北康利『福沢諭吉』に負っている。

福沢諭吉は豊前（現在の大分県）中津藩の下級藩士、福沢百助《ひゃくすけ》の末子として天保五年一二月（新暦でいうと一八三五年一月）大坂で生まれた。父の百助は中津藩の蔵屋敷で米や木材の事務・販売の仕事をしていた。現代流に言えば営業と経理である。百助は、若い頃は学問好きで、漢学などを勉強していたが、身分制社会においては、下級藩士はそれを極めることができず、生きるために商人のような仕事をしていたのである。

福沢諭吉

福沢諭吉を考えるうえで、この父、百助の存在、そして大坂で生まれたという意味は大きいと私は思う。後に福沢は慶應義塾において経済学、あるいは大学での理財科（経済学部）を学問の中心におくようになるが、商都大坂で生まれたことと、父の商売が見えない糸で結びついているように思える。もっとも百助は諭吉が二歳のときに死亡するので諭吉は父の仕事など直接知りえないし、父の死亡後中津に移住したため大坂の思い出もない。これはあくまで私の希望的類推である。

それよりもっと確実なことは、学問好

きのDNAが確実に諭吉に伝承されていることである。母親お順の父・橋本浜右衛門《はしもとはまえもん》も儒学者であったというから、母の父→お順→諭吉と世代を経ても学問好きが受け継がれている。父母の血筋から賢い頭脳をもって諭吉は生まれたものと言える。

義塾の創設

福沢はしばらく長崎で蘭学を学ぶが、むしろ決定的に重要なのはその後大坂に出てきて、緒方洪庵《おがたこうあん》の適塾《てきじゅく》で学んだことである。満二〇歳のときに、商都大坂のもつ役割を知りえた意義は大きい。

適塾での学問は蘭学書が中心であったが、物理、化学、医学の書も読んでいた。洪庵が医者なので医学を学んだのは当然であるが、他の自然科学書を勉強していたことも、後に福沢が商学や工学などの実学を唱える基礎になっていると思われる。

安政五年（一八五八）、福沢は中津藩の江戸屋敷に移住を命じられ、江戸で蘭学を教えることになった。この年に福沢は蘭学塾を開くが、これが慶應義塾のはじまりとされる。しかし、慶應義塾という命名は正式には慶応四年（一八六八）に芝新銭座での塾においてなされる。

ちょうどこの頃、福沢は横浜で西洋人にオランダ語を話しかけてもまったく通じず、店の看板を見てもわからないということを経験し、英語の必要性を痛感したという。万延元年（一八六〇）、福沢は有名な咸臨丸に乗って、はじめての洋行としてアメリカに向かう。幕府の修好通商条約批准のための使節団に属しての渡米である。福沢の洋行は一八六二年のヨーロッパ、一八六七年のアメリカと三度にわたる。特にヨーロッパでは独、英などかなりの数の国を訪れており、多くを学んでいる。渡航先で最新の文献を収集したし、見聞記を『西洋事情初編』として出版している。

慶應義塾創立の碑

福沢の経済学

この当時の慶応における経済学について述べておこう。当時の教科書はアメリカ人でブラウン大学教授であるF.Wayland（ウェーランド、一七九六〜一八六五）の*The Elements of Political Economy*（経済学要綱）を用いていた。福沢はウェーランドの経済学の本よりも、彼の書いた*The Elements of Moral Science*（倫理学要綱）により強い影響を受けたようである。このあたりの事情は飯田鼎「福澤諭吉と教育」（『慶應義塾の教育論』所収）に詳しい。後に出版する大ベストセラー『学問のすゝめ』も、ウェーランドの倫理学から得られたことが書かれている。

ウェーランドの二冊の書物から、もうひとりの偉大な経済学者を思い出さざるをえない。それは「経済学の父」とも呼ばれるAdam Smith（アダム・スミス、一七二三～九〇）の二冊の本である。スコットランド人のスミスは一七七六年に『国富論』を出版して、市場における自由放任主義が経済運営にとってもっとも重要な行動原理であることを主張した。資本主義を規定する原理を説明したものであり、いわゆる古典派経済学の始祖とみなされる。

しかし、スミスは『国富論』の出版以前に、『道徳感情論』を世に問うている。市場がうまく機能するためには、人びとの倫理が高くあらねばならない、と主張しているのである。人びとが経済取引をするときに、他人を欺いたり、情報を独占的に利用したりすれば、誰かが損害を被ったり、ボロ儲けをすることがある。これらは不正取引となるので、市場経済がうまく機能するためには、それらの不公正は排除されねばならないのであり、高い倫理観が重要なのである。

ウェーランドとスミスという二人の英米の経済学者が倫理学に強い関心を示し、かつそれに高い信頼を置いていることに感銘を受ける。新古典派の経済学は価格機構のメカニズムに絶大な信頼を置き、かつ競争から得られる成果がもっとも経済運営としてふさわしいとみなしている。いわば市場原理主義の賞賛であるが、それにはすべての市場参加者が倫理観をもって取引に入ることが期待されるのである。ごく最近の例では、ホリエモン（堀江貴文）や村上ファンド（村上世彰）が不正取引によって、不当な利益を得たことが記憶に新しいが、これらは市場参加者の倫理に欠けた市場取引なので、排除されねばならないのである。

授業料の徴収

興味深いのは、この頃に学生から授業料の徴収をはじめたことである。私塾ではこれまで塾生の盆・正月の心づけや、物納、あるいは私的な献金や塾の経営者の私財提供などで経営をおこなっていて、不安定な経営にならざるをえなかったのであるが、慶応は学生に授業料を支払ってもらうようにした。現代では、経済サービスを受ける（すなわち教育を受ける）に際して、その対価（すなわち授業料）を学生が支払うのはごく自然なこととして理解されているが、この制度を慶応が導入した意義は大きい。

一昔前の私塾であれば、学生が教育をどこで受けるのかによって、それほど大きな違いはなかったが、官立ないし公立の学校が普及するにつけ、公立と私立の授業料の差が出現するようになった。授業料の多寡が、公立学校かそれとも私立学校に進学するかの決定に、かなりの影響を与えるようになった。慶応の授業料徴収は、私立学校の経営へのさきがけとなった。

教育者、啓蒙思想家としての福沢

徳川幕府は倒壊して、明治天皇のもとに首都が京都から江戸（一八六八年に東京と改名）に移る。明治維新政府の樹立に大きな役割を果たした薩摩、長州、土佐、肥前などの重臣、例えば西郷隆盛《さいごうたかもり》、大久保利通《おおくぼとしみち》、木戸孝允《きどたかよし》、大隈重信、板垣退助《いたがきたいすけ》、伊藤博文《いとうひろぶみ》、江藤新平《えとうしんぺい》、後《ご》藤象二郎《とうしょうじろう》、黒田清隆《くろだきよたか》などと、公家出身の岩倉具視《いわくらともみ》、三条実美《さんじょうさねとみ》などが中心となって、新政府はさまざまな政策を導入していく。徳川時代の鎖国が解かれ、欧米列強諸国が日本への進出をはかっていた。不平等条約の是正という外交問題に加えて、後進国の日本をいかに経済発展させて強国にするのか、そして教育、法律などの近代化をいかに促進していくかといったことが要請されていた。

明治新政府は多くの人材を必要としたので、民間からの出仕もはじまった。適塾での友人であった大村益次郎《おおむらますじろう》や、寺島宗則《てらじまむねのり》なども出仕した。福沢も招かれたが、出仕しなかった。決して官になびかず、あくまでも民間で私人として生きることを福沢は選ぶ。後の慶応出身者の多くも公的な機関に就職せずに、民間で活躍することを希望するが、その起源と考えてよいのではないか。むしろ教育者として慶応から有為な塾員（慶応では卒業生を塾員と呼ぶ）、すなわち人材を多く提供することによって、国家に貢献したと言った方がよい。代表例は犬養毅、尾崎行雄、小泉信吉《こいずみしんきち》などである。塾員の活躍については後に詳述する。

福沢は教育者としてのみならず、啓蒙思想家として大活躍をする。これは論争にもなっていることであるが、福沢は必ずしも独創性を発揮した学者ではない、という説もある。すなわち、啓蒙思想家はある学説や主張を国民にわかりやすく主張・解説して、その汎用性を国民に流布する役割を果たしていたのであるが、福沢はこの種に属するとの評価がある。しかし、本書ではこの論争には立ち入らず、福沢を教育者、啓蒙家、起業家として論じることにする。

啓蒙思想家福沢の真髄は『学問のすゝめ』と『文明論之概略』にあるとみなせる。前者は三四〇万部という大ベストセラーであり、福沢の知名度を格段に上げたのみならず、福沢の私的な生活を保障し、その資産にもとづくさまざまな社会・経済活動を可能にしたのである。特に義塾の経営には役立った。学問を商売とする「学商」との陰口もあるが、多くは嫉妬から出たものだろう。正当な仕事の報酬である。

身分という壁

「天は人の上に人を造らず人の下に人を造らずと云へり」、というあまりにも有名な言葉が『学問のすゝめ』の冒頭にある。中津藩の下級武士の子として生まれた福沢は、自己の優秀な才能を生かすには、身分上多くの高い壁があることの辛苦を少年時代に経験した。そうしたことから、世に平等思想の貴重さを訴えているのである。格差問題に格別な関心をもつ私にとっても、この言葉は至極名言と思う。

格差問題を扱った拙著『格差社会』の分類にしたがえば、格差には結果の格差と機会の格差（あるいは平等・不平等）という二つの異なる概念がある。福沢は機会の平等の尊さを説いているのである。

機会の平等はつぎの二つの条件を満たす必要がある。第一は、ある状態を望む者には、全員にそれに挑戦する機会が与えられるべきである。第二は、それに挑戦した人から誰を選抜するかという際に、差別があってはならない、ということである。教育、職業、就職、昇進などが具体的な例となる。

福沢は自らの身分の低さを嘆いたかもしれないが、たとえ下級武士の息子であっても武士階級は、他の階級、例えば農民や商人よりはるかに身分上は恵まれているのである。しかも、全人口のなかで数パーセントを占めるにすぎないエリートであった。江戸時代においては士農工商の身分差は厳格であり、職業の機会平等は閉ざされていた。武士以外の家庭に育った子どもにとっては、福沢が感じる以上の高い壁だったのである。これはもちろん、福沢の嘆き節をゼイタクな声として批判しているのではない。福沢が正論を説いていることにまちがいはない。

実学のすすめ

『学問のすゝめ』には、例えば、学ぶ人と学ばない人の差が賢人と愚人を区別することにつながるとか、人民は自分で勉強あるいは努力もしないで、政府に不満ばかり述べているといった記述がある。福沢の主張における細かいことはさておいて、福沢の貢献はつぎの二つにあると判断するので、それを述べておこう。

第一は、「実学」の強調である。やさしい言葉で述べれば、学問のための学問ではなく、かつ理論の偏重ではない、実用にもっていくための学問を福沢は主張したのである。西川俊作『福沢諭吉の横顔』によれば、児童には「いろは」四十七文字の徹底教育、「そろばん」と呼ばれる計算方法の習得を重視したとしている。これら初等レベルの学識が経済生活の基本に役立つことは言うまでもない。

世のなかには農業、商業、工業と多岐にわたる職業がある。高い技能を必要とする仕事もあれば、低い技能でできる仕事もある。それぞれの仕事を確実におこなうには、それぞれの人がしっかり勉強して、ふさわしい技能を習得することが求められる。どのような職業であっても、自分で勉強して自分で考えた末に、自分で判断できる人間になることが望ましいと福沢は記している。貧富・貴賤を問わず、頭の良し悪しを問わず、学ぼうとする姿勢が大切であると説いている。

この学ぶ姿勢がすべての人びとに行きわたれば、人間は「独立自尊」の人間として成長し、誰にも頼らない自立した生活・人生を送ることができるとした。この「独立自尊」の標語は、福沢の数ある標語のうちもっとも重要なものである。自分で学ぶことによって自分で考えられるようになり、自立の道を歩めるようになる、そのような人生を勧めているのである。村井実「福澤諭吉の教育思想」(『慶應義塾の教育論』所収)によると、福沢の教育論は、教育学・教育方法論の発展に大きな貢献をしたペスタロッチのそれに相通じるものがあるとされる。

「実学」はもう少し高いレベルでも重視される。それは物理、工学、地理、歴史、経済学、修身学などの幅広い学問を学ぶことによって、自然の摂理にしたがって物事を思考し、それを現実の生活に生かせるような手だてを実行することが、実学であるとみなした。そのためには、数学や英語などの基本科目に関しても、それらが理論だけに終わらずに、応用科目として役立つようにすべし、と主張しているのである。このあたりの事情については藤江邦男『実学の理念と起業のすすめ』に詳しい。

この福沢の「実学」尊重は、経済学の重視につながっていると理解できる。経済学者である私にとって特に印象深いものがある。人間が経済生活をおこなうための理論・応用を考えるのが経済学であり、すでに述べたように、福沢はウェーランドの経済学と倫理学を好んで教育していた。

しかし、福沢はあくまでも「実学」の意義を説くだけで、自分で経済を実践するようなことはなかった。言い換えるならば、自分で事業を起こして経営にあたるということはほとんどなかった。彼自身が自ら創業して経営にあたった事業は慶應義塾そのものと、出版だけであった。後に慶応出身者が創業することになる、丸屋商社(後の丸善)、横浜正金銀行(後の東京銀行)、明治生命保険、東京海上、などの事業は、福沢の提案や発議はあったものの、実際の創業や経営は塾員が関与したものである。現代流に言えば、福沢は起業の勧めをプロパガンダ的に啓蒙者としておこない、それを実行したのは教え子たちだったのである。

森有礼との教育論争

第二に「実学」に関して述べなければならないことは、私学の重視と官僚支配の排除である。明治初期の教育においては、教育を誰が企画し、誰がどこで教えるか、ということをめぐって大きな対立があった。ひとつの考え方は薩摩出身で西洋留学帰りの森有礼《ありのり》に代表される、中央集権的な全国画一制度にもとづく上からの教育であるのに対して、もうひとつの考え方は福沢に代表される私学優先にもとづく下からの教育である。

森有礼と福沢諭吉は明治六年（一八七三）設立の学者の集まりである「アカデミー」を発展させた「明六社」において、すでに論争を開始していた。「学者の職分を論ず」として有名なものである。福沢は先に『学問のすゝめ』で主張したように、一人一人が自分の意思で学んで、自分で考えながら行動するような、独立心旺盛な人を育てるのが教育と考えたのに対して、森有礼はそもそも人民は自分で学びかつ判断できるようなレベルに達していないのであるから、それをわからせるようにするのが教育の果たす役割と考えた。

森有礼は、国がまだ発展しておらず、かつ国民の教育レベルが低かった明治初期の時代にあっては、まずは文部省が先頭に立って、学校や教育体系を整備する必要がある、と主張した。そのためには、小学校、中学校、高校、大学とピラミッド形の学校組織を政府がつくり、どの学校の段階でどのような学問なり学習をするべきかを明確に定めた方がよい、というものである。現に森有礼は初代の文部大臣に就任し、それを実行した。

この思想に共鳴する人びとは、東京大学系の加藤弘之《かとうひろゆき》、西周《にしあまね》、津田真道《つだまみち》などであり、彼らはこのピラミッドの頂点に明治一〇年（一八七七）創立の東京大学が立つことを前提にしていた。森、加藤、西らは、後の帝国大学（明治一九年）では、国の指導者になるべく官僚養成の重視を説いたし、学者の役割に関しても、明治政府はまだ弱体なものにすぎず、学者が政府をさまざまなかたちで支援すべし、としている。

これに対して福沢は、官に頼らずに、私学の意義を強調し、しかも政府にすり寄る御用学者を批判する姿勢をとりつづけた。

森らは、教育にあたる教師の養成を目的として、貧しいけれども優秀な若者が入学できるような師範学校を、全国につくった。これによって全国各地の小学校、中学校において教師の質が向上し、日本の教育をまがりなりにも成功させたし、そこから経済発展に寄与する有為な人材が、明治、大正、昭和の時代に生みだされた意義は大きい。また、明治一九年に東京大学が帝国大学へと改組され、その後、京都、東北、九州などの帝大が創立されて、エリートといわれる指導者層が輩出するようになる。

森らの意見と福沢の意見は現代社会でも考えられる対立である。すなわち、官僚指導か民間優先か、そして官学優先か私学優先かの論点は、現代でも議論されている課題だからである。私自身は、明治時代という経済・社会がまだ未発展で、かつ国民の教育水準が低かったときにあっては、官僚主導で官学優先によって教育水準を向上させることが重要な政策目標であってよいと判断する。それを達成するにはかなりの程度、政府主導による公立学校優先策に頼らざるをえないからである。明治時代の日本はまさにこのような状況にあったと理解できる。

ただし、福沢の主張を否定するつもりはない。福沢の教育思想はもう少し時代が進んで、日本が経済発展を遂げて、国民の教育水準がある程度高くなった時点では、価値の高い主張と判断できる。福沢の正当な高い先見性が、幸か不幸かまだこの時代にふさわしくなかったと解釈できる。

経営困難の危機

明治初期にあっては、政府の力が強かったので、官立学校優位が進行し、私学の慶応は苦境に立たされた。官立学校には多額の公費が投入されたが、私学は収入不足で経営が苦しくなることもあったのである。経営困難の理由の一つに、明治六年（一八七三）の徴兵制では官立学校の学生は徴兵免除されていたことが挙げられる。学生が私学を避けて官立に集まった。これらの官学優先・私学軽視の文部行政を推進したひとりに、慶応出身の九《く》鬼隆一《きりゆういち》がいた。詳しくは後で述べるが、塾員が反福沢の一派として活躍しためずらしい例である。

明治一二～一三年頃に慶応は経営困難に陥った。官学優位がめだつなか、学生の多くが官学をめざすのは自然な流れであった。塾生の数の減少という苦難から脱却するために、福沢は不本意ながら政府に支援を仰いだ。これに対し、盟友・大隈重信は好意的であったが、伊藤博文や井上馨《いのうえかおる》は、自由民権運動の主たる運動者であり、日頃から政府に反抗的な態度を取る福沢を支援することに反対する。苦境に立たされた福沢は明治一三年（一八八〇）に廃塾を決意するが、まわりがリストラ政策（例えば教員の給料を大幅に下げる）を勧めて、なんとか廃塾だけは避けたという。

この事件は現代に照らしても大きな問題を提起している。私学の経費に国費あるいは公費の補助金をどこまで投入すべきか、という課題である。現代ではどの国でも私学には公費が投入されている。私学が建学の精神を発揮するには、自前の資金（学生からの授業料と自己基金からの収入）だけで学校の経営をおこなうのが理想であるが、教育と研究にはお金がかかるので、公費投入は避け難い。現代では慶応をはじめ多くの私学に私学助成金が投入されているので、当時の慶応がリストラを敢行してまでも、生き残りに成功したことは賞賛されてよい。

私学が公費の投入なしに、よい教育・研究をおこなうための策としては、自己の資産を外から多額に集めて、その資産からの収益を運営費にまわせるようにすることであろう。アメリカの名門私学では、この自己資産が巨額になっていて、学校の経営に役立っている。

大学と幼稚舎の創設

最後に、慶應義塾の大学部創設についても述べておこう。明治一九年(一八八六)に帝国大学が創設されたことは述べたが、慶応も大学の創設をめざした。明治二三年(一八九〇)に大学部がつくられたが、大学と名乗るのは大正八年(一九一九)まで二九年も待たねばならなかった。国が帝国大学の優位を保つために、私学に大学を名乗ることを許さなかったという、現代では考えられないような政策措置であった。はなはだしい私学軽視である。慶応の大学部は学生数が少ないため、経営が苦しく廃止の声も高かった。しかし、福沢は「帝大に屈するな」と反骨精神を発揮して努力したことは、大いに私の好みとするところである。

むしろ、私個人は幼稚舎(小学校)には複雑な思いがある。幼稚舎は明治七年(一八七四)に、和田塾と称された小学校が創設されていたのであるが、それを幼稚舎と改名して一貫教育の確立をはかったのであった。現代では幼稚舎から大学までを慶応で学べば、合計一六年（六・三・三・四）を同じ学舎で過ごすことになり、別の世界の存在を知らずに社会人になる。幼稚舎の評価については第三章でおこなう。

2　政治家・大隈重信

英語との出会い

東京専門学校（後の早稲田大学）の創設者が大隈重信であることは、よく知られている。この大隈の簡単な遍歴を中村尚美『大隈重信』、木村時夫『知られざる大隈重信』をもとに述べておこう。教育者大隈については、後に詳しく検討する。

大隈重信は天保九年（一八三八）に肥前・佐賀藩の藩士、信保《のぶやす》の長男として生まれる。盟友の福沢諭吉が下級藩士の出身であるのに対して、大隈は位のかなり高い藩士の出身で、恵まれた身分のもとに育った。父親が大砲術の技師をしていたので、重信もそれを継ぐ希望を持っていたが、父が重信一三歳のときに亡くなり、その後の人生は変わることになる。

佐賀藩では、藩士の子息は『葉隠《はがくれ》』と呼ばれた朱子学を学ぶのが通常であったが、古い

大隈重信

ことに固執するのが嫌な大隈は、蘭学を学びはじめる。福沢が大坂の適塾で蘭学を勉強していたのと同じである。そして福沢と同じようにオランダ語の汎用性のなさに気づき、大隈はしばらくして英語を学びはじめるのである。長崎の英学塾でフルベッキというアメリカ人宣教師から、英語学、法律、経済学、理科などを学んだ。

当時の日本は薩長の両藩を中心に倒幕運動が強まり、幕府の倒壊が近づいた時期であった。しかし佐賀藩ではむしろ幕府の旧体制を守ろうとする気配が強く、血気盛んな大隈は脱藩を果たす。同じく後の明治新政府において行動をともにする副島種臣《そえじまたねおみ》も脱藩した。佐賀藩は倒幕維新においては、さしたる功績も残さなかったので、新政府においては重要な地位を占めることができなかった。このような状況下、大隈は三一歳のときに長崎での小役人の仕事が与えられた。

教育と財政の大改革

慶応四年（明治元年、一八六八）、大英帝国の公使パークスとの交渉に、大隈があたることになる。小役人の大隈と英公使では大きな地位の違いがあったが、大隈は持ち前の演説力と交渉術の巧みさから、外交交渉で活躍し、大隈の名を明治政府の権力者に知らしめることとなった。その他の外交交渉での成功が理由となって、大隈は政府のなかで外国官副知事に出世する。

さらに大隈の有能ぶりは、岩倉具視、三条実美、大久保利通などに認められ、明治二年（一八六九）に大蔵省と民部省のナンバー2である大輔（次官）に昇進した。薩長出身ではない大隈がいかに政府内で重要な役割を果たしていたかを物語っている。明治四年には西郷隆盛、木戸孝允、板垣退助とともに、大隈は参議の大役に任じられる。

大隈がおこなった当時の政策のなかで重要なことを、本書の関心である教育と経済に関して述べておこう。

教育では、明治五年に学制改革をおこなって、義務教育制度を導入して、寺子屋に代わって小学校を全国に創設した。教育に関してはもともと木戸孝允が中心になって取り組んでいたが、有名な岩倉具視使節団の副団長として欧米視察に出かけていたため、木戸の留守中に大隈が手早く実行した経緯がある。ついでながら木戸は帰国後、このこともあって大隈とは不仲になる。

経済に関しては、後に大隈財政と呼ばれるほどの大改革を断行した。地租改正や税制の確立、貨幣単位の両から円への変更、予算・決算制度の導入、横浜正金銀行（後の東京銀行）の創設、など多岐にわたっている。

明治初期の大改革と大事件といえば、明治四年の廃藩置県、明治六年の征韓論をめぐる政治家の対立と、その後の西南戦争であるが、あまりにも有名な歴史上の事象なので、説明は不要であろう。ただ、これらをめぐって明治の元勲たちが、激しい政治闘争をくりかえしたことは強調されてよい。当然のことながら、大隈もこの闘争の渦中にいた。

明治一一年（一八七八）に大久保利通が暗殺されて、この年から明治一四年にかけて大隈は総理大臣のような権勢を誇っていた。明治一四年の政変で大隈が野《や》に下《くだ》る前に、二点ほど述べておく必要がある。

ひとつは、明治八年に大隈は福沢とはじめて会い、その後盟友となったことである。政治家の大隈と、教育者であり思想家の福沢は、利害対立がないこともあって親しい交流をつづける。それに二人ともに、英国流の穏健な立憲政治と民主主義を好んでいたこともある。急進的なフランスの政治思想を好んだ中江兆民《なかえちょうみん》と、英国流の思想を好んだ福沢・大隈の対比は強調されてよい。福沢が大隈のブレーン的な役割を果たすこともあった。例えば、横浜正金銀行の設立にあたっては、福沢などの考え方を現実に実行したのが大隈という側面がある。

二つは、明治一〇年（一八七七）の大隈によるインフレ政策である。西南戦争の軍事支出で財政が苦しくなった政府は、紙幣の発行という手段に訴える。当然のことながら、インフレが到来し、この失政で大隈は大蔵卿（大臣）を辞任した。その後大蔵卿になった松《まっ》方正義《かたまさよし》が有名な松方デフレ政策を実行した。松方財政は緊縮財政と増税・節約が特色となっている。後に松方は首相になっている。

こうした動きからもわかるように、大隈重信はまさに政治家のキャリアを積んできたのである。持ち前の能弁と人づきあいのよさに加えて、権謀術数をめぐらせながら、厳しい政治闘争をくりかえしてきた。権謀術数などと過激な言葉を用いたが、もちろん悪い意味ではなく、政治の世界ではこの言葉はある意味で宿命でもあろう。

明治一四年の政変

明治一四年（一八八一）に、大隈は国会開設の意見書を一人で左大臣有栖川宮熾仁親王《ありすがわのみやたるひと》に提出する。伊藤博文と井上馨の三人で提出しようとしていたのにもかかわらず、大隈一人の独断で提出したとみなされ、伊藤・井上の反感を買う。この背景には、ドイツ流の君主制による立憲国家を考えていた伊藤との思想上の対立もあった。

この時期に発生した大事件に北海道開拓使の払い下げ問題があった。この開拓使には黒田清隆などの薩摩人のスキャンダルもからんでいた。大隈は払い下げに反対の声をあげるが、危機を感じた薩摩は巻き返しをはかろうとする。そのときに慶応出身の九鬼隆一は一計を案じて、大隈のみならず伊藤・井上馨も共謀して国会の開設をはかり、薩摩の要人を追い出すことを計画しているという情報を、薩摩の人びとに流すのである。黒田はこれに激怒して、伊藤と井上に脅しをかけて、両人を攻撃した。伊藤は薩摩人の力に怯《おび》えていたので、生き残りのためには、大隈を失脚させるしかないと思いはじめた。さらに、黒田は大隈、福沢、三菱の岩崎弥太郎《いわさきやたろう》の三名が五代友厚《ごだいともあつ》(薩摩人)への払い下げを阻止しようとしているというデマも飛ばしている。伊藤はこれらのことから、ますます大隈を失脚させねばならないと思うようになり、薩長両藩の参議が中心になって岩倉具視や三条実美などを説得して大隈の失脚を容認させる。薩長が結託して大隈を追い出すのか、という明治天皇の声もあったが、大隈の失脚と開拓使払い下げの中止が決定した。壮絶な政治闘争の末の結末であった。

東京専門学校の創設

東京専門学校

大隈は政界から野に下った。ただ、野に下ってもそのまま引き下がらないのが大隈の真骨頂である。彼は大きな行動を起こす。明治一五年（一八八二）の東京専門学校（後の早稲田大学）の創設と、政治の世界における立憲改進党の結党である。もっとも政治のことは本書の大きな関心ではないので、本書では前者の東京専門学校の創設を論じておこう。

大隈が新しい学校の設立を考えたのは、福沢の慶応が有能な人材を輩出していたことに刺激を受けたものと思われる。教育には教師が必要であるが、大隈は東大の卒業生である高田早苗《たかださなえ》、坪内逍遥《つぼうちしょうよう》、天《あま》野《の》為之《ためゆき》などを招き入れた。福沢は東大という官学を嫌ったが、大隈はすでに優秀な学生を集めていた東大の卒業生を、特に拒むことはなかった。

東京専門学校は政治経済、法律、理学、英語の四学科でスタートした。明治政府は失脚した大隈を追い込むため、東京専門学校への誹謗《ひぼう》中傷をおこない、銀行が融資できないようにしたり、学校の悪口を宣伝して入学者を阻止するような行動をとった。

新しい学校を創設した大隈に対しては、野に下った人の気晴らしかとの陰口もあった。

このような批判のなかでスタートした東京専門学校であれば、かえって教師と学生の反骨精神が高まることも確実であった。この反骨精神こそが、後に早稲田から政治家やジャーナリストが数多く生まれる源泉である。もとより創設者の大隈が政治家なので、大隈につづこうとする精神が脈々と流れていることも否定できない。その伝統が現在までつづいていることは驚異ですらある。

政治家大隈の話をつづけてきたが、参謀として東京専門学校を実質的に創立したもう一人のことを説明しないと、早稲田関係の方からおしかりを受ける。大隈はいわば大将で大きな指揮をとっておればよく、具体的な実務、例えば校舎の建設から教員の選定などの仕事をおこないつつ、学校を創立したのが小野梓《あずさ》(一八五二〜一八八六)である。

じつは小野も政治家であって、大隈が失脚後に立憲改進党をつくったときも、幹事長のような仕事をして、政策要領やら組織づくりの世話をしている。学校創設と政党設立の双方において、大隈は大将、小野は少将(あるいは参謀)として活躍したのである。それぞれの氏名が大と小ではじまるのは、偶然とはいえおもしろい組合せである。

「本尊」と「四尊」

早稲田大学では大学設立の中心人物である大隈と小野を「本尊」、学校の創設時に教師、あるいは理事として活躍した四名（先に挙げた三名と市島謙吉《いちじまけんきち》）を「早稲田の四尊」と呼んでいるようである。これら四名はいずれも東大出身であり、東京専門学校の研究・教育水準を上げた人として名前が残されている。

「四尊」の高田早苗は法律、政治を教え、天野為之は経済原論、金融、貿易、財政を教えていた。市島謙吉は各種の講義をおこなったとされる。坪内逍遥は有名なシェークスピア学者で英語を教えた。高田は読売新聞主筆、代議士、文部大臣などを歴任したので、もっとも早稲田人らしい人生を送った人と言える。天野はむしろ経済学者として名を上げ、学者であることをつづけたが、一方で経済出版社として現代にまでいたっている東洋経済新報社の設立にも関与したので、ジャーナリストの側面がないわけではなかった。

この高田と天野が政治家もどきの騒動を起こして対立した。大正六年（一九一七）に発生した学園紛争を機に、二人は学長の椅子をめぐって争うことになる。通称「早稲田騒動」と呼ばれるものである。この争いは、政治力に長じた高田が学者の天野に勝利することとなったが、高田はふたたび学長に戻らず、結局、別の者が学長になる。そして天野は学長を下りて早稲田実業学校に移るのである。

この「早稲田騒動」を早稲田らしい紛争と第三者である私が決めつければ、早稲田関係者の方から非難されるかもしれない。ただ、この騒動で興味深いのは、早稲田出身の作家尾崎士郎《おざきしろう》が『人生劇場』のなかで、この早稲田騒動をとり上げて、文学作品のなかで風刺したことである。母校における学長選挙をめぐる騒動を作品にする尾崎も早稲田人らしいと評価しておこう。

「早稲田四尊」のうち異色な存在は坪内である。英語よりも英文学を教えた才人である。純文学を教えた坪内の伝統は、後に早稲田が多くの文人を生む素地となった。さらに、坪内のシェークスピア論、そして早稲田の卒業生である島村抱月《しまむらほうげつ》の存在は、後の早稲田から多くの演劇人を生むことにもつながっており、文学・演劇に強い早稲田はこのときにはじまっている。

「早稲田四尊」のうち、坪内は大隈や高田のような政治的な生活を好まず、彼らとはさほど交流はなかったとされている。文学・演劇の人と政治の人はやはり水と油なのかもしれない。

政治家の登龍門

政治と言えば、早稲田には「雄弁会」という組織がある。明治三五年（一九〇二）に大隈総裁、高田が顧問、同志社出身の安部磯雄《あべいそお》が会長となって、政治活動をおこなう団体として結成された。大きな夢を語り合い、政治家になるための訓練の機会を提供したのである。この雄弁会からは、堤康次郎《つつみやすじろう》や、前述した尾崎士郎、そして現代にいたるまで数多くの政治家が輩出されたのである。この雄弁会は「人をだます大言壮語の会」との陰口もあるが、早稲田の卒業生が政治家の道を歩むための登龍門として機能した価値は大きい。

大隈の政治歴に関して述べれば、明治一四年の政変後、野に下るが、その後復活して外務大臣、二度の首相を経験するなど大政治家となった。さらに、自ら創設に関与した東京専門学校は明治三五年(一九〇二)に早稲田大学となり、明治四〇年(一九〇七)には自身が早稲田大学の総長となった。

3 早慶の出身者たち

「慶応ボーイ」のさきがけ福沢桃介

本章では早慶両校の創設者である福沢諭吉と大隈重信の簡単な生涯、その建学精神、その後の両校の学風がどのように形成されていったかを述べてきた。本節では、早慶両校の卒業生のなかで正統派というべき人や、異彩を放つ人を取り上げて、私の短評を述べてお

福沢桃介

こう。数多くの有名人を輩出している両校であるが、以下は私の独断と偏見による選択である。

福沢桃介《ももすけ》（岩崎桃介、一八六八〜一九三八）は諭吉の次女、お房の娘婿である。慶応で学んだ岩崎桃介であったが、諭吉はこの美男で優秀な塾生を、自分の娘と結婚させたかった。桃介はさほど乗り気でなかったが、諭吉がアメリカへの留学を保証すると、彼は結婚を受け入れることとなる。これを政略結婚と称してよいのか、それとも父親の娘思いの美談とみなすのか、人によって異なろう。

桃介は大実業家として成功を収めたが、対女性関係が派手なことでも知られている。桃介の妾は有名な貞奴《さだやっこ》（古くは小奴《こやっこ》）である。貞奴の夫がこれまた有名な川上《かわかみ》音《おと》二郎《じろう》で、明治二一年（一八八八）に「オッペケペー節」で一世を風靡し、新演劇のスターだった。美女の貞奴は、本人もヨーロッパの公演で「マダム貞奴」として人気を博した。しかし、音二郎は明治四四年（一九一一）に四七歳で死亡し、残された貞奴は四〇歳だった。

貞奴は名古屋にいた福沢桃介と恋愛に陥り、妾として名古屋で一緒に住みはじめる。じつは桃介と小奴は若い頃恋愛関係にあった。一七歳の慶應義塾生である桃介と一四歳の芸者である小奴は、江戸でふとした通りがかりに出会い、一年にわたって交際していた。ところで、小奴は伊藤博文、井上馨、西園寺公望《さいおんじきんもち》らの明治の要人がひいきにしたほどの美人の芸者であった。このあたりの事情は清水慶一「桃介と貞奴の愛のかたち」に詳しい。

桃介の大実業家の面についても述べておこう。慶応出身の華麗な経済人、例えば三井銀行の中上川彦次郎や三菱財閥の荘田《しょうだ》平五郎などと同様に、桃介は中京地区の大電力事業家として成功する。それ以前には、福沢諭吉に紹介されて、北海道炭礦鉄道会社に入社するが、病気で退社・療養している。そこで桃介はもって生まれた商才を株式投資に向け、それが成功して大金持ちになる。この莫大な資金源を用いて、電力需要の増加を見越して、木曾川流域につぎつぎとダムと発電所を建設し、大事業家としても成功を収めたのである。

経済人であることと、派手な女性関係で名を馳せた桃介は慶応ボーイのさきがけと言えるかもしれない。

「反逆児」九鬼隆一

九鬼隆一（一八五二～一九三一）は『「いき」の構造』で有名な哲学者・九鬼周造《くきしゅうぞう》の父である。隆一は塾生として福沢の薫陶を受けるが、さほどめだった学業成績を残してはおらず、むしろ政治や行政の世界に向いていると判断した福沢によって、文部省に推薦された。官僚になるには学業の優秀な人間、というのが当時、そして現在にいたる一般の理解だが、むしろ世渡りのうまそうな生徒を官界・政界に送っているのはおもしろい。

彼は明治五年（一八七二）に文部省に入省する。

九鬼隆一は文部省に入ってから実務を忠実にこなし、人づきあいもうまかったので出世も早かった。文部省が官立卒業生の優先策をとり、慶応出身の九鬼は苦しい立場に立たされるが、当時権力を掌握していた薩長藩閥の木戸孝允、後に松方正義などにうまく取り入って、ますます権勢を高めていった。先に述べた、官学生は徴兵が免除され、私学生は徴兵を免除されないという制度を実施するにあたって、九鬼は福沢の期待に応えようと、慶応の学生だけは、私学のなかで例外的に徴兵免除を認める努力もしている。

先に述べた大隈重信が失脚する明治一四年の政変の際にも、九鬼は暗躍している。この政変は北海道開拓使の払い下げ問題のスキャンダルが契機であるが、九鬼はうまく立ちまわって、彼の地位を高めていくのに成功する。

九鬼はこの政変を機に、ますます文部省のなかで権力を握るようになる。政変の前の明治一三年には「改正教育令」を出して、文部行政の中央集権化をはかり、福沢などの自由主義的な著書を学校教育で使用することを禁じる手段もとった。政変や改正教育令などによって、福沢と九鬼の関係が冷えきったことは言うまでもない。

以上が、福沢の教え子九鬼隆一離反の歴史である。慶応からすると、九鬼は福沢の教えを守らなかった反逆児ということになる。その後、森有礼の初代文部大臣就任と前後して文部省を去り、ワシントン公使としてアメリカに渡る。その後東京美術学校（現・東京芸術大学）の設立を支援し、フェノロサや岡倉天心《おかくらてんしん》と交流し、帝国博物館の初代総長などを歴任して美術の世界で活躍した。

余談であるが、九鬼隆一の妻が岡倉天心と不倫関係になり、隆一はその後離婚する。息子の周造は父母のことで悩む。周造は長じて京都帝大教授となり、有名な哲学者となる。周造は京都の遊郭である祇園などによく出入りし、哲学者と遊民をうまくこなした粋人《すいじん》だった。隆一と周造という父子は「ただもの」ではなかったのである。

「国際人」朝河貫一

つぎは早稲田の代表的卒業生を紹介しよう。政治家、文人、ジャーナリストがめだつ早稲田出身の人びとのなかで、朝河貫一《あさかわかんいち》（一八七三〜一九四八）はユニークな人生を歩んでいる。アメリカの名門、エール大学教授を務めた歴史学者であり、しかも二〇世紀の初頭に外国の大学の教壇に立った国際人でもある。専門はヨーロッパ中世史であったが、日本人であるが故に、日本史にも関心を寄せて、比較法制史などの分野で大きな仕事をした人である。

経歴が当時としてはめずらしいので、詳しく書いてみよう。朝河は明治六年（一八七三）に福島県の二本松の藩士の子どもとして生まれた。旧制中学の頃から神童と呼ばれ、首席の卒業であった。中学の卒業式では英語で答辞を読むという離れ業をしている。当時の秀才の多くは、官立の旧制高等学校に進学してから帝国大学に進む道が一般的であった。しかし、その道では五、六年を要するため、朝河は三年で卒業できる東京専門学校を選択して同校に入学し、明治二八年（一八九五）にはこれまた首席で同校を卒業している。

朝河の中学時代に信じられないような逸話が、矢吹晋『朝河貫一とその時代』に書かれている。英語辞書を読んで、二ページを理解・記憶したら、食べたり、破り捨てていったというのである。大学受験勉強で英語の豆単語辞典を破って食べるとよい、などと聞かされたことを思い出させる。それを現実に実行している人がいたことに驚かされる。

朝河は大隈や坪内、徳富《とくとみ》蘇峰《そほう》などの支援、そして牧師であった横井時雄《よこいときお》の推薦で、名門ダートマス大学に留学する。これも優秀な成績で卒業して、名門エール大学の大学院に入り、明治三五年（一九〇二）にPh.D.（博士号）を取得した。その後、ダートマス、エールなどで教鞭をとったのである。

朝河の学問的業績を本書で議論することはしないが、彼の書いた学術書や論文は日米の専門家からはさほど評価されないばかりか、引用もあまりされていないと矢吹の前掲書にある。彼の書くことがやや冗長で読みにくい文章だったこともあったようだ。

むしろ非専門の分野において、朝河は興味を引く行動をしている。

ひとつは、日露戦争後のポーツマス条約交渉の際、日本を弁護しつつも、日本は過大な賠償要求をすべきでないと発表し、日本側から非難を浴びている。

二つは、第一次世界大戦時に日本が中国に対して、二十一ヵ条の要求をした時に、卒業校の、しかも恩を受けた大隈重信に対して、覇権主義外交を窘《たしな》める文章を送っている。

第三に、日米開戦を回避するため、フランクリン・ルーズベルト大統領から天皇への親書を送るように草案を書いている。

朝河貫一は、日本軍の過激な行動を好まなかったし、平和を望んでいた。私は朝河が小国平和主義をとる愛国者であったと理解したい。これはつぎに紹介する石橋湛山《いしばしたんざん》と同じ主義である。

「小国主義者」石橋湛山

石橋湛山（一八八四〜一九七三）は早稲田大学卒業生の特色をまさに代表する人物である。

ジャーナリズムの世界で大活躍し、政治の世界に入る人の多い早稲田人のなかで、はじめての首相でもある。

仏僧の父のもと、明治一七年（一八八四）に石橋は生まれるが、同じく仏門にいる別の僧のもとで育てられている。山梨県の旧制中学を卒業後、第一高等学校を受験するが失敗して、不本意ながら早稲田大学の予科に入学する。第一志望の旧制高校や旧帝大ではなく、私立大学への入学というのは当時の受験界の一つの姿であるが、早稲田大学を首席で卒業しているし、首相にまでなった石橋を知るにつけ、受験の失敗などとるに足りないとの思いを新たにさせられる。

石橋湛山

石橋は東京毎日新聞を経て、東洋経済新報社に入社し、主幹・社長を歴任する。経済のみならず、政治の分野でも論陣を張った。石橋の根幹の主張は、自由主義・民主主義、それに平和を前提にした小国主義である。小国主義と対立するのは大国主義であるが、台湾などを放棄することを主張して、植民地拡張政策に反対している。一言でいえばリベラルな主張をつづけた。
戦後は政界に入る。大蔵大臣や通産大臣を経験し、経済政策の担当にあたった。外交においては、アメリカ追従だけでなく、中国やソ連のような社会主義諸国との交流をもめざし、いわゆる全方位外交の平和主義を理想とした。ただ、石橋は政治家でもあった。現金の飛び交う派閥間の争いの場である自民党総裁選挙に勝利して、昭和三一年（一九五六）に総理大臣となる。しかし不幸なことに発病して、わずか六三日で首相を退陣している。

病気から回復後、石橋は持論の社会主義国との国際交流に取り組み、当時の岸信介首相が日米安保条約に反するとの声で牽制したにもかかわらず、中国を訪問している。自民党内でのハト派として、平和主義を主張した。例えば、日中米ソ平和同盟の提唱はそのひとつである。

最後に、教育者・石橋の顔を述べておこう。石橋は一九五二年から六八年にかけて、政治活動を行う一方で、仏教系の立正大学の学長を務めた。どれだけ実質的な学長であったのか私にはわからないが、当時の大学の学長は大なり小なり名誉職であって、現代の学長のように強力な指導力を発揮する職でなかったのであろう。

第三章　慶応と階層固定化社会

慶応の隆盛がめだつ時代となった。民間会社の社長、役員、さらに国会議員など、各分野での卒業生の活躍にはめざましいものがある。二〇〜三〇年前までは東大、京大といったいわゆる旧制帝国大学の出身者がめだっていたが、いまでは早稲田大学とともに破竹の勢いである。すでに両校の躍進の秘密を簡単に分析したが、ここでは慶応をもう少し詳しく点描してみよう。

1　慶応式一貫教育

高い「純粋培養率」

慶應義塾の特色の一つに一貫教育がある。慶応幼稚舎（小学校）に入学して、中学、高校、大学とエスカレーター式に、入学・卒業を重ねる方式が一貫教育である。

統計によると幼稚舎に入学した人のうち、大学まで慶応を卒業する人は約八〇パーセント前後とされるので、大半の幼稚舎生が一貫教育の流れにいることがわかる。この八〇パーセントという高い「純粋培養率」は、外部から見ると驚異であるが、これだけ多数が一貫教育を受けているということは、慶応の魅力の証《あかし》でもあるだろう。本章ではその魅力を探究してみたい。

「あまのじゃく」な立場からすると、幼稚舎に入学し慶応大学を卒業する八〇パーセントよりも残り二〇パーセントの人びとに興味がわく。中学、高校には落第があるようなので、学力不足に陥って退学したのか、校風になじめなかったか、それとも他の学校・学園に、より魅力を感じ、慶応を去ったのかであろう。あるいは、大学への進学に際し、慶応医学部の偏差値が高すぎて内部進学ができず、どうしても医者になりたくて他の医大へ進学したということも考えられる。慶応には芸術系の学科がないので、芸術の道を歩みたい学生も同様である。

「独立自尊」

創始者である福沢諭吉は、初等教育の重要性を認識して、明治の初期に小学校を創設している。幼少の頃から福沢の理想とする教育を施せば、きっと塾の精神を学びとった若者を育成できると思ったのであろう。幼稚舎では特に「独立自尊」が重視されていた。自分で考え、自分で物事を解決することが独立であるし、独立こそが、自信を持つことにつながり、自分の自信が自らを尊重し人としての品位を生む、というのが自尊である。

福沢の有名な言葉に「先ず、獣身を成して後に人心を養う」があり、彼は強靱な肉体を養うことの意義を説いた。強い身体こそが「独立自尊」の人を生む根幹と考えて学校で運動会を開催したりした。その体力重視の伝統は残っていて、水泳の習得が義務づけられているし、縄跳びの実習も課せられている。

幼稚舎教育の魅力

最近の幼稚舎人気を確認しておこう。図表3―1は二〇〇七年度における私立小学校の入試倍率を示したものである。幼稚舎は男子で一四・三倍、女子では二二・九倍、総合すると一七・一倍という他を圧倒する高い倍率である。人気が非常に高いことがわかる。また、慶応は二〇一一年に、横浜に新しい小中一貫校を設立することを発表している。この学校にも多くの関心が寄せられているという。

幼稚舎では最低でも年間一五〇万円の学費がかかるし、試験対策としての準備に年間一〇〇万円かかるとされるので、かなりの高額所得者の子どもしか入学できないのは明らかである。小学生の子どもをもつ親の年代は、三〇代か四〇代はじめの世代なので、普通の家庭であればこれだけの学費を用意することは困難である。これだけのコストがかかっても入学希望者が多い背景には、医者、企業経営者、あるいは高給のサラリーマンなどの高額所得者の存在があるし、格差社会の日本の現状に照らしてみれば、子どもを幼稚舎に送

小学校名	定員(人)		受験者数(人)		倍率(倍)		
	男子	女子	男子	女子	総合	男子	女子
暁星小学校	120		688		5.7		
田園調布雙葉小学校		65		314	4.8		
立教女学院小学校		72		719	10.0		
青山学院初等部	45	44	164	188	4.0	3.6	4.3
学習院初等科	40	40	370	366	9.2	9.3	9.2
慶應義塾幼稚舎	96	48	1,369	1,099	17.1	14.3	22.9
昭和女子大学附属昭和小学校	105		62	575	6.1		
成蹊小学校	55	56	488	420	8.2	8.9	7.5
玉川学園	200＊		130	150	1.4	0.7	
桐朋学園小学校	36	36	455	298	10.5	12.6	8.3
早稲田実業学校初等部	108		796	429	11.3		
森村学園初等部	55	41	222	225	4.7	4.0	5.5
西武学園文理小学校	80		214	202	5.2		

図表 3−1　私立小学校の入学試験倍率（2007 年度）

(注) 倍率は小数点第 2 位を四捨五入。＊は内部進学含む　(e－お受験.com調べ)

れる家庭がかなりの数にのぼることを示している。それでも、幼稚舎の魅力が高いと感じられているからこそ、これだけの倍率になっているのはまちがいない。

幼稚舎教育において特徴的なことはつぎの諸点である。ここでの記述は西野浩史『慶応幼稚舎合格バイブル』に負っている。

第一に、幼稚舎入学から卒業までの六年間、担任は変わることなく持ち上がりである。担任は国語、算数、社会の三教科を担当し、理科、英語、体育、絵画、音楽などの科目は専門の教師が担当する。

一人の教師が同じ生徒を六年間教育するので、教師と生徒のあいだの結びつきは普通の学校よりもはるかに強くなる。生徒同士もこれだけ長いあいだにわたって同じ仲間で過ごすのであるから、交友関係、人格的な結びつきも親密になること確実である。そういえば、慶応大学の教授たちと話していると、幼稚舎の卒業生同士がよくつるんでいる、と聞かされたことがある。これがよい方向に作用して、後に述べる「慶応三田会」の結束の強さの源泉となっていると思われる。

第二に、勉強して学力を高めることだけではなく、課外活動も重視されていて、いわゆる幅の広い知識の吸収と社会的な勉強にも力を割《さ》いている。遠足、合宿、学習発表会、夏休み自由研究、コンピューター教育、英語教育などにも目配りされている。これだけの情操教育をおこなうには教える側の人数も必要だろうが、生徒にとっては、狭い意味での学力だけに限定されず、幅広い教養人を養成できうる体制にある。ほとんどの生徒が試験なしに、慶応の中学に進学するので、学力第一の姿勢をとらなくてもよいというメリットがある。

第三に、私がもっとも関心を持ったのは、入学試験のことである。いわゆる「お受験」の代表格として幼稚舎は存在するが、どのような方式で入学者を決定しているのか、まことに興味深いものがある。裕福な家庭で育ち、かつ高い潜在能力を持った子どもたちを、どのように選抜するのか、親も子どもと同様に試験されているのではないかと、外部の人間には映るからである。しかも、小学校に入学する前の五歳の子どもであれば、まだ学力などといった基準で選抜できるほど成長していないので、何を基準に入学者を決定しているのかが関心となる。

独自の合否判定基準

西野の前掲書によると、「絵を描く」「工作する」「運動する」「行動観察」といったことが選抜の基準になっているとされる。本書でそれらが具体的にどう観察、点数づけされているかを述べても意味がない。しかし素人の眼からは、四〜五歳の頃にこれらのことを塾などで徹底して訓練すれば、ある程度の得点が稼げる子どもになるだろうな、と推測できる。現に慶応幼稚舎をはじめ、私立の小学校の入試対策を教える幼稚園や塾があると聞く。まだ学力などといった客観指標で子どもを評価できる年代ではないので、このような学力以外のことで入試をおこなわざるをえないのであろう。

客観的な指標がないからこそ、慶応の卒業生の子ども、寄付金を多く出してくれる家庭の子女、有名人の子女、といった縁故関係や家庭の経済状況を選抜の基準とする発想が生まれることがあろう。現に幼稚舎の生徒の親の所得水準はかなり高く、かつ有名人の子弟も相当いるとされる。

このような恣意《しい》的な基準ではなく、できるだけ面接や客観的な基準で合否判定をしようとした、金子郁容舎長（一九九九〜二〇〇二年度）の登場によって、混乱が生じたと西野の前掲書にはある。「金子嵐」が過ぎ去ったあと、新しい福川忠昭舎長のもとで旧来の入学試験方式がかなり復活し、元の幼稚舎時代のように良家の子女や縁故関係で入学する生徒数が増加したとされる。

私自身は、私立学校であれば合否の判定基準は学校独自のものがあってよく、必ずしも学力といった客観指標のみに依存する必要はない、と考えている。校風を慕って入学する人であれば、縁故や寄付金の多寡が基準であってもよい。特に、小学校への入学という年代にあっては、学力などといった客観指標がまだ使えないので、なおさらである。幼稚舎の入試では、ペーパーテストを採用していないので、志願者の学力を判定しえないし、たとえペーパーテストを実行したとしても、五歳の段階では正確な判定は不可能とみなした方がよい。

しかし、幼稚舎を終えて附属の中学校、高校への進学時には、学力という客観指標が使える年代になっているので、学力の不足する子どもは上級学校に進学させない、ということがあってよいと考える。

ところで、縁故や寄付金で入学したような子どもが中学や高校進学を控えたときに、学力が低く、上級学校への進学を拒否されたとしたら、文句を言う親がいるかもしれない。

そこは慶応当局の英断で、「慶応の中学校や慶応の高校において、貴方のお子さんは教育を受けられる資質がありません」と入学拒否の姿勢をつらぬけるか否かである。その点、慶応当局はしっかりしていて、入学拒否は強くとらず、一応入学させておいてから中学段階からの落第制度を用いている。それは中学がまだ義務教育なので、放校という手段を取ることにためらいがあるからであろう。しかし、学業不振がつづいて二度落第すれば退学となっているので、この段階で学力不足の生徒を抱え込むことを回避しているようである。

世のなかを知る機会

私が慶応をふくめた私立の小学校に抱く危惧は、入試のことではなく、入学した生徒のことである。裕福な家庭に育ち、かつ教育熱心な親のもとの子どもが多いので、きっと生徒もよい方向に教育されるものと思う。しかも、慶応などでは質の高い教育がなされているので、生徒にとってはこのうえないよい環境である。

しかし、このように恵まれた生徒が大半の学友のなかにいると、世のなかのことがわからずに育っていく可能性がある。世間には、お金持ちもいれば貧乏人もいる。頭の良い者もいれば、そうでない者もいる。家庭が平穏なケースもあれば母（父）子家庭や荒れた家庭もある。気の強い人もいれば気の弱い人もいるように、人の性格も多種多様である。幼稚舎の生徒は生活で苦労をしたことがない生徒がほとんどと思われるので、社会にはさまざまな境遇や素質をもった人がいる、という事実を知る機会がないと言っても過言ではない。

公立の小学校であれば、多種多様な家庭で育ち、かつさまざまな素養をもった生徒がいるので、世のなかの縮図を身をもって体験できる。いろいろな人がいることを知ることで、例えば貧困者をなくすにはどうしたらよいのか、勉強のできない人をどうすればよいのか、凶暴な性格をもった人とどう対応すればよいのか、といった子どもの頃から考えねばならない問題を、自然に学ぶ機会を公立校は提供しているのである。

公立の学校であっても、頭のよい子たち同士で友だちになるだろうし、裕福な家庭の子どもが裕福な家庭の子どもとつきあうことは多いだろう。しかし、そうだとしても、まわりには頭のよくない学友や貧乏で苦しんでいる学友がいたという記憶は、社会人になっても必ず鮮明に残っているはずである。これに対し、私立小学校出身のように恵まれた子どものなかで育ったとしても、そういう人びとが世のなかにいることは、大人になってからでも知る機会はあるだろうから、別に子どもの頃から体験する必要がないという意見もあろう。しかし、子どものときに直接体験したことの記憶の方が、はるかに大きな効果があると思われる。

このような主張に対して、反対意見は当然ある。恵まれた家庭環境で育った子どもばかりであれば、いじめや校内暴力も少ないので安心して子どもを学校に通わすことができるし、そういう子ども同士のなかであれば、性格も穏やかに育つし、上品さを備えた人間として成長するので子どもにとっても好ましい。エリート教育は小さい年代のときから必要との主張でまとめられよう。

私は必ずしもエリート教育を否定するものではない。ただ、それは中学以降、特に高校の段階からスタートするのでよいのではないか。勉強のよくできる子どもをますます伸ばすために、そういう子弟を集めて学力の向上に努めることはあってよい。スポーツや芸術の強い学校しかりである。子弟をあくせくせずに、上品に育てたい場合には、授業料の高い学校があってよく、勉強ばかりではない情操教育の徹底した学校があってもよい。特に高校の段階になれば、子どもの学力・特質などがかなり明らかになってくるので、その子どもにもっともふさわしい学校を選択できる機会のあることが望ましいのである。小学校の段階では早すぎるのではないか、というのが私の主張である。中学校も義務教育なので、できれば異質な生徒が集まる学校の方が好ましいが、小学校ほどのことは求めない。

もう少し具体的に言えば、たしかに幼稚舎での教育はすばらしいので、子どもはよい方向に育つであろうが、そういう教育を受けられない子どもとの対比を、どう考えればよいのだろうか。小学校の時代から教育の二極化を容認することは、日本の格差社会をますます助長する可能性があるが、日本全体でこの問題をどう考えたらよいのか、まだ暗中模索と言えよう。

2　慶応生事情

大学への切符

現在、慶応の中学には、普通部、中等部、湘南藤沢中がある。

そのうち、普通部では入学者のうち約三分の一が幼稚舎からの内部進学、約三分の二が入学試験を経た外部生とのことである。一方、中等部は共学となっており、入学者のうち男子は外部生が多数を占め、女子は外部生が六割程度という。中学は学力という客観指標をかなりの程度使えるような年代に達しているのであるから、多数を外部から入学させているのは賢明な策である。

ついでながら、高校（慶應義塾高校、志木高校、女子高校、ニューヨーク学院、湘南藤沢高校）においても外部から新しい血をかなり入れている。しかし、高校からは多数の入学者がいることもあって、中学からの内部進学者の方が、平均すれば学力は高いようである。大学においては全国各地から慶応に好感を抱いて入学してくる学生を多数受け入れているので、つねに新しい刺激を与える人が入ってくることは慶応の魅力となっている。やや誇張した言い方をすれば、幼稚舎出身の学生だけが慶応大学に入学するのであれば、大学の卒業生は良家の子女のみで固められた、偏った考え方をもった人の大学になりかねない。

もっとも、では大学から慶応に入り、塾生となる学生がどれだけ新しい血であるか、という問いが生じる。大学から入学してくる学生の多くも、幼稚舎出身の学生とそれほど変わりがないかもしれない。そのことはふたたび論じてみる。

慶応の中学や高校から入学する学生が、なぜ慶応を志望するのかといえば、大半は大学への進学につながると期待するからである。慶応のブランド力がこれだけ高まると、中学や高校のときから入学して、上の慶応大学に進学したいと希望するのは自然な感情である。中学、高校ともなれば、まわりには東大進学を売りものにする国立や私立の進学校もあるところを、あえて慶応を志望するのであるから、その動機は強いだろう。

大学受験戦争は激烈なので、中学や高校の段階から慶応大学への切符を確保しておくことのメリットはつぎの点にある。

いわゆる大学受験のための勉強は本人の真の学力を増強するのにさほど役立たない。高校の学習において枝葉末節の受験技術を学ぶのに時間を奪われずに、学力の本筋を学ぶことに注力できる。もっと大切なことは、勉強のみならず、スポーツや文化活動、さらに幅広い友だちづきあいに時間が注げるので、頭でっかちな人間にならないような高校生活を送ることができる、というわけである。

じつはこのことが実業界において、慶応の卒業生が東大などの旧帝国大学卒業生を上回る活躍、すなわち役員や社長に昇任する確率が高くなっていることの一つの理由になっている、と私は判断している。

もう少し具体的に言えば、ビジネスの世界では必ずしも最優秀の学力を必要としない。あえて誇張すれば、高い学力が必要なのは、企業のなかでは研究部門だけである。学者の世界もそうであろう。コミュニケーション能力に優れて、顧客、あるいは上司、同僚、部下といかにうまく接することができるかがビジネスの世界での鍵である。あまりにも学力に欠けていれば仕事はこなせないが、必ずしも最優秀な頭脳を有している必要はない。

むしろ最優秀であれば、陰に陽に他人を見下す言動をとってしまうこともあり、企業内の昇進にとって不利に作用することすらある。慶応で学ぶ人たちは、学問にあくせくせず、他人とのつきあい方をうまく学んでいるし、如才なく、組織人として好感度の高い人が多いという事実は重要ではないだろうか。

これは経済的に比較的恵まれた家庭に育ち、かつ学問で超トップに立つことを欲しない環境のもとにいる慶応生の特権と言えば、慶応関係の方から反発を受けるだろうか。「慶応ボーイ」という言葉が、これをうまく表現している。

外部進学者のタイプ

大学から慶応に入学する学生についても考えてみたい。慶応の卒業生のうち、内部進学よりも外部の高校からの進学生の方が多数派である。全国から多種多様の特色をもった高校を卒業しているので、塾内部生のようなある一定の特質をもった学生とは趣を異にしている学生である。義塾の伝統になじんでいない学生が外部から入学してくるのである。

外部生はつぎの三つのグループに分けられるだろう。

第一は、国立名門校の入試に失敗した第二志望組、第二は慶応大学への入学を希望して、憧れを達成した第一志望組、第三は、別に慶応を熱望したわけではないが、数多くの大学の入試を受けて合格した大学のうち、なんとなく慶応がよさそうだと思った組。

この三つのグループのうち、もっとも比率の高い第二の慶応熱望組においては、自然とすぐに慶応カラーに染まることはまちがいない。じつは、地方から慶応に入学してくる学生のうち、一部は内部進学者よりも熱烈な愛校心を抱く、という指摘もある。第三のグループも日吉や三田でキャンパス生活を送っているうちに、徐々にではあるが慶応のよいところに気がついて、慶応カラーになじんでいくだろう。しかし、ごく少数ながら、自分の期待したことと現実とのギャップに気がつき、不本意なまま慶応を卒業する学生もいるだろう。だが、総じて言えば、第二と第三のグループは、慶応の卒業生であることに誇りをもつ人が多い。

もっとも興味のあるのは第一のグループである。東大などをめざしたが、入試に失敗して第二志望として、慶応に入学する学生である。ごく一部には仮面浪人生として慶応に在籍しながら、翌年にふたたび国立をねらう学生もいると聞くが、それほどの数ではないので、さしあたってはおいておこう。

このグループは二つに分かれるのではないか。すなわち、一つは、少なくとも慶応を受けているのであるから、慶応に悪いイメージは持っておらず、入学当初は不本意であったとしても、徐々に慶応色に染まっていくタイプである。一方で、慶応に入学したことはあくまでも不本意で、慶応を好きになることはできないが、東大などへの対抗心から徹底的に頑張って、見返してやろうと人生に立ち向かうタイプもいるのではないか。じつは、反骨精神の旺盛な早稲田の方がこうしたタイプの人が多い、という指摘がある。

文学の天才の「失敗」

私の高校（灘高）の先輩である作家の遠藤《えんどう》周作《しゅうさく》氏（一九二三〜一九九六）は、旧制高校が第一志望であったが落ちまくって、三浪の末泣く泣く慶応に入学した。

親には「慶応入学」という電報を送ったが、それは慶応医学部への入学を親に暗示するための窮余の策で、文学部への入学を事後承諾してもらうための手段であったという笑い話が、私たち後輩にも知れ渡っていた。灘の落ちこぼれを自他ともに認めていた尊敬すべき遠藤氏には、同じ灘の落ちこぼれである私も親しみを感じている。

彼のもう一つの魅力は、『沈黙』『海と毒薬』といった本格小説の他に、狐狸庵に代表される軽妙タッチの娯楽エッセイを書けることにあった。

遠藤周作

一時はノーベル文学賞の候補にもなったように、超一流の作家となった遠藤氏にとって、旧制高校の失敗などまったくとるに足らないことであるが、たまたま父は東京帝大出身、兄は旧制灘中から、旧制の第一高等学校卒業後に東大に入学していたので、文学の天才もつらかったのであろう。

遠藤周作氏はその後慶応の仏文科を卒業後、フランス留学をしている。『三田文学』などで、安岡章太郎、堀田善衛などに代表される慶応仏文科卒を誇りにしていることを書いたりしているところからも、失敗をバネにして反抗心をうまく向上心に変換していったものと思われる。

小説などの文学の世界で生きていくのに、数学、理科などといった科目の成績はどうでもよいことだが、彼が旧制高校の入試に失敗したのは、これらの科目の失敗が響いたせいかもしれない。

現代の入試においても、基本的に国立大は五教科七科目、私立大は三教科の入試科目なので、遠藤氏がいま受験したとしても国立大の入試に失敗するかもしれない。しかし、彼の文学的才能は私立でこそ生かされるとも言える。こう考えれば私立大の三教科型は意味ある方策かもしれない。入試科目の数は、人の一生を決めるうえで意外と重い課題を課しているのである。

コミュニケーション能力

話題を第一グループに戻してみよう。慶応の卒業生がもっとも活躍している分野は、実業界である。大学から慶応に入学した学生で、しかもそれが第二志望という不本意なものであっても、慶応における伝統の実学教育のよろしきを得、さらにまわりの学生の実学志向のなかで鍛えられ、かつ幅広い人間づきあいのなかでコミュニケーション能力を高めて卒業するので、成功するビジネスマンの素地が、大学在学中に育成されているのである。

四年間の大学生活を経て、内部進学生も外部進学生も多くが慶応になじんで、愛校心をもって卒業する。

幼稚舎からだと一六年、中学からだと一〇年、高校からだと七年の慶応生活なので、慶応で学ぶ時間が長い人ほど愛校心の程度は強いだろうが、四年間だけの大学卒業生であっても、かなりの愛校心をもつのが慶応のなせる業である。もっとも、すでに述べたことであるが、慶応に長い間在籍している人ほど、他の学校や世界を知る機会が減少するので、偏った人間観をもつ可能性が高まる危惧はある。

慶応生の親には経営者が多い

幼稚舎から大学に入学する学生の経済状況はかなり裕福とみなせるが、外部から入学する学生もふくめた慶応大学生の経済的裕福さはどの程度なのだろうか。「慶応ボーイ」という言葉は経済的に恵まれて遊びのうまい慶応生を意味するが、その彼らの経済状況を吟味しておこう。

	45万円以下	46~85万円	86~125万円	126~165万円	166万円以上	無回答
慶応大学	2.1%	10.7%	17.3%	12.3%	48.1%	9.5%
早稲田大学	6.4	21.3	29.0	13.6	22.0	7.7
法政大学	10.7	43.9	23.5	5.3	12.3	4.3
同志社大学	7.5	22.4	34.3	9.3	19.4	7.1
東京大学	10.6	26.1	27.9	12.6	18.8	4.0
京都大学	13.7	33.0	22.0	8.2	15.9	7.1

図表3−2　主な家計支持者の年間収入（1965年）
（池田信一『慶応義塾の光と影』WAVE出版、1992年より）

昭和四〇年（一九六五）において、代表的な国立・私立の大学生を経済的に支持している人の家計調査（全国大学生活協同組合連合会東京支所『学生の消費生活に関する実態調査報告』）があるので、それを検討してみよう。図表3―2は年間収入別に該当者がどれほどいるかを示したものである。『民間給与実態統計調査結果』（国税庁HP）によると、昭和四〇年当時の平均年収は四五万六〇〇円とあるが、この図表3―2によると、年間収入が一六六万円以上という上流階級がじつに四八・一パーセントを占めており、他の国立・私立を圧倒して高い比率である。その下の一二六～一六五万円という準上流階級も一二・三パーセントで高い比率である。逆に四五万円以下はわずか二・一パーセントにすぎず、平均以下の年収の家庭出身の慶応生はほとんどいない。ついでながら、東大・京大はそれが一〇パーセントを超えており、「貧乏人の子弟は国公立大学へ」という言葉が正しかったことを証明している。

(%)

	慶応大学	早稲田大学	法政大学	同志社大学	東京大学	京都大学
公務員及び公共団体職員	14.4	20.9	19.3	19.0	25.9	30.2
中小企業のサラリーマン	10.7	14.7	18.2	13.8	15.3	13.2
大企業のサラリーマン	18.1	13.4	9.6	12.3	13.8	15.4
中小企業経営者（商店、町工場など）	30.0	27.5	24.1	32.8	18.1	17.6
大企業経営者（社長・重役と局長以上の公務員）	10.7	4.0	2.7	2.6	5.3	3.3
農林水産業	0.8	2.9	16.0	5.6	4.3	6.6
自由業（弁護士、芸術家など）	6.2	5.7	2.1	4.1	5.3	4.4
無職	2.9	4.6	2.1	3.7	5.0	6.6
その他	4.1	5.7	5.9	6.0	6.3	2.7
無回答	2.1	0.7	0	0	0.8	0

図表3—3　家計支持者の職業（1965年）
（池田信一前掲書より）

　この表からも明らかなように、慶応に子弟を送っている家庭は経済的に裕福だと言えるだろう。まさに「慶応ボーイ」は豊かな家計の子弟が多く、きっと学生自身も親からかなりの額のお金をもらっていたからこそ、「慶応ボーイ」らしく遊びにも多額を消費できたものと予想できる。
　もう一つ統計を紹介しよう。それは図表3—3で示されるような、一九六五年当時の親の職業構成である。慶応の学生の親は三〇・〇パーセントが中小企業の経営者であり、大企業経営者も一〇・七パーセントと他大学とくらべて高い。関西の「ボンボン大学」あるいは「関西の慶応」と呼ばれることのある同志社大学の学生の親が中小企業経営者において慶応よりやや高いが、大企業経営者は低い。慶応生の親には経営者が多いのである。この事実は慶応生の裕福さを説明する要因となる。

池田信一『慶應義塾の光と影』によると、一九八五年の数字においても、父母の年収が一四〇〇万円以上の比率は、慶応では一二・二パーセントであるのに対して、早稲田が五・二パーセント、立教が五・二パーセント、私立大学連盟に加盟している大学の平均が七・四パーセントであった。慶応に子弟を送っている家計の年収は相当に高いのである。ちなみに、年収の中央値にあっても、慶応が八八〇万円、早稲田が六二〇万円、立教が六九一万円、関西学院が六四〇万円、私立大学連盟全体では五七四万円なので、これも慶応の裕福さを物語っている。

最近にいたって、慶応に子弟を送る家庭の年収が、東京大学に送る家庭の年収を下まわった、ということが言われるようになった。

東大の入学試験がますます難しくなり、小さい頃から塾や家庭教師につき、中高一貫校の私立高校からの入学者が増加しているので、親の家計が裕福でないと子弟を東大に入学させられない、ということの裏付けになっている。本書の主たる関心は早慶にあるので、ここでは東大生と慶応生の家計経済に関してどちらが裕福であるかを探究しない。しかし、一昔ほど前のように、慶応に送る子弟の家庭が圧倒的に豊かな時代ではなく、子弟を東大に送る家庭とそれほど変わらないのは事実であろう。すなわち、東大に入学する学生の親に経済力がついてきたと理解した方が賢明であり、「慶応ボーイ」に加えて「東大ボーイ」という言葉が将来生まれるかもしれない。ただし、東大生が遊び上手であるかどうかはまだわからない。

ちなみに、ごく最近の二〇〇六年現在において、慶応大学に子弟を送っている家庭のうち、年収が一〇〇〇万円を超えている比率は約四七パーセント、年収が二〇〇〇万円を超えている比率が約九パーセントであり、日本の平均家計所得の実態からするとかなり高い。一方、年収三〇〇万円未満の家庭も四・五パーセントいるので低所得層も少しはいる。

慶応の学生は経済に困らない家庭の子弟が圧倒的に多く、ごくわずかではあるが低所得層の子弟もいると言えよう。この統計は慶應義塾大学学生部の「学生生活実態調査」からのものである。

3　慶応卒業生の結束力

就職活動の成功物語

四年間の大学教育を受けた慶応生の大半は企業に就職する。現代では法曹関係や中央・地方の役所に勤める人もいるが、圧倒的な多数は企業でのサラリーマン生活を送る。それも大企業、上場企業といった名門企業が多く、就職貴族という名前を献上してもよいほどの、就職活動における成功物語がくりひろげられる。もともと「実学」を好む学生が多く入学しているのであるから、就職戦線における慶応生の華々しさは別に不思議な現象ではない。これに加えていくつかの要因も作用しているので、このことを述べてみたい。

その前に二つほど留意しておきたいことがある。第一に、慶応生の多くが大企業に就職するとはいえ、つぎの二つのグループも無視できない数として存在する。

一つは、いわゆる二世として後継ぎをめざすべく、親が経営する企業に就職するケースである。全国各地にある中小企業の経営者にとって、子弟を慶応に送ることは、大きな目標になっているという。「実学」を教えてくれるし、なによりも慶応時代に蓄えた人のつながりは、将来ビジネスをしていくうえでたいへん役立つという期待があるからである。現に慶応には全国各地から中小企業の経営者の子弟が入学しているという統計を、図表3―3で示した。

もとより、親の企業の後継ぎになる人に加えて、後継者になるのが目的ではなく、自分から進んで中小企業を選ぶ学生もいるし、不幸にして求職活動がうまく進まず、不本意ながら中小企業に就職する学生もいる。その後の人生において、大企業に入るのがいいのか、それとも中小企業がいいのか、これは半分以上その人の運にもよる。

第二に、慶応大学の卒業生の就職先として、役人になる人の数が過去は少なかった。福沢諭吉以来の官学への対抗意識、そしてくりかえし述べてきた「実学」の重視から経済人になろうとした人の数が圧倒的に多かったことの裏返しである。しかし、現代では徐々にではあるが、第一章で見たように、公務員になろうとする学生が増加している。

教師にならない慶応生

慶応の卒業生の進路を考えるうえでより重要なのは、教師になる人の数が非常に少ないことである。これも経済人をめざす慶応の伝統の裏返しであるが、それにしても慶応出身の教師が少ないのは、他にも理由がありそうである。ちなみに教師とは、小・中・高校において教育をおこなう人のことを念頭においている。

その理由の一つは、村井実「福澤諭吉の教育思想」も主張しているが、福沢は教育を上から文部省の指令のもと全国画一的におこなうのではなく、苦楽をともにして学ぶという姿勢を好んだ。換言すれば、これだけ学ばねばならないとか、わかるまで教えるといった、現代風に言えば文部科学省の指導要領に即して、上から教えることを好まなかったのである。

その文部省の企図のもとに創設された教師養成の師範学校が典型であるが、これだけ学ぶ必要があると決められたことを、上から教えるということが明治時代に定着したので、慶応出身の人はあえて教育者になることもない、という雰囲気が強くなったのである。

歴史をたどれば、慶応の文学科、理財科の卒業生には、無資格で教員になれる特権があった。しかし、もともと教員志望者が少ない上に、文部省の要求にいろいろ答えねばならなかったので、明治三四年（一九〇一）にその特権を返上したのである（『慶応義塾五十年史』）。慶応生の教師嫌いと反官僚志向を示した逸話である。

この要因に加えて、くりかえしになるが、実学の伝統から慶応の卒業生は経済界への志向が強かったのである。もっとも、文学部や理学系の卒業生のなかには、学校の教師になった人の数は、法・経・商・工学系・総合政策・環境情報などの諸学部よりも多いと想像できる。文学部や理学系では企業からの求人もそう多くないし、そこで学ぶ学生も企業志向はそう強くないからである。

違和感の源泉

慶応出身でユニークな批評家として知られるのが、佐高信《さたかまこと》氏である。官庁の世界、経済界、それに社会で発生している事件や不祥事を鋭く批判しつづけ、かつ反体制的な言動で知られるが、彼は慶応出身なのである。彼の言動に接する人は、慶応出身と聞くと一瞬耳を疑うかもしれない。

佐高氏は現に、自分が地方の高校を出て慶応に入学したとき、まわりの学生が自分の境遇とかなり異なった人たちで占められていることに驚いた、と告白している。経済的に豊かであり、かつ社会に反抗的な態度をとらない、従順で明るい学生が大半だったのである。佐高氏が大学生になった頃は、多くの国公立大学、それに私立の早稲田や法政などでは、学生運動が盛んな時期であった。慶応ですら学費値上げ闘争で一部の学生が騒いだとして、マスコミが取り上げたこともあったと記憶しているが、慶応ではこういう反対闘争や学生運動は無縁であると、社会一般で理解されていたから、マスコミもあえて「あの慶応でも学生運動が」と報道したのであろう。

こうしたことを考えれば、佐高氏が入学してから周囲と自分の違いを実感したのは別に不自然なことではない。むしろ、なぜ佐高氏が慶応に入学したのか、聞いてみたい気もする。佐高氏は左翼の学生運動の活動家として学生時代を送る。卒業後まわりの学生の大半が企業に就職していくのに反して、彼は教師の道に進むことを選択した。教師になる人が少ないという伝統に背を向けた佐高氏の面目躍如である。その後彼は教師をやめて、批評家として名声を高めていく。

名門ゼミは就職の第一歩

慶応の学生が企業への求職活動をおこなうときに、有力な鍵を握るのが学部でのゼミナール（ゼミ）である。文学部、法学部、経済学部、商学部それに藤沢キャンパスの学部などの文科系では、一つのゼミに所属して三年次、四年次に少人数で特定の科目を学ぶ。教師と学生のあいだでの討論や、書物や論文の輪読をおこなうのである。理工系においても、特定の先生の研究室に属するので、これも文科系のゼミに近い。本書では、法、経、商などで企業に就職する学生の多いゼミナールを念頭におく。

企業の採用はOB・OG訪問と言われるように、同じ大学を卒業した先輩社員とまず接触をはじめることが多い。その際に威力を発揮するのが、同じ大学のゼミの先輩の存在でである。同じゼミの先輩・後輩の関係ということで、その段階で採用に特別有利となるわけではないが、有益な情報を得られることの価値は大きい。このOB・OGとの接触は一時期「リクルーター制度」と呼ばれたこともあり、求人側と求職側の第一歩の出会いの場として機能していた。現在でも姿を変えてこの制度は残っている。

企業、特に大企業で多く勤務している人の多い慶応OB・OGに接するには、同じ慶応大学卒、特に同じゼミに所属していれば、その機会も増える。だからゼミに属したいと希望するのである。特に名門ゼミ、すなわち多くの同ゼミ卒業生が名門企業に就職していれば、そのゼミへの志望は殺到する。

このような状況なので、慶応ではゼミの人気は高いのである。しかし、私立大学の泣き所ではあるが、先生の数が限られているので、受け入れ可能学生数が志望者の数より少なく、ゼミに入るに際して競争試験が課される。一〜二年次の学業成績、学科試験、指導教官や先輩による面接などが実行されて、合格者が決まる。慶応ではこのゼミに入ることが、よい就職先を決めるための第一段階とみなされているほどである。

関西の私学の雄の一つである同志社大学でも、慶応のようなゼミの制度はあるが、就職に際しての慶応ゼミほどの有利さはないので、ゼミに入るときの競争はそれほど激しくない。ついでながら、国立大学である京都大学経済学部のゼミでは、学生数が少なく先生の数が多いので、ゼミに入るための競争はほとんどない。少なくともゼミの志望段階で、就職を念頭におくことはほとんどない。参考までに、経済学部の一学年あたりの学生数は、慶応が一二〇〇名、同志社が八〇〇名、京都が二四〇名である。

少し横道にそれるが、一つのゼミに属する学生の数も、私立と国立ではかなり異なる。慶応や同志社であれば、一つのゼミに四〇〜五〇人の学生が属している場合があるし、平均でも二〇人を超している。一方、京大では一つのゼミは一〇人以内と限定されており、少人数教育が徹底されている。ゼミは大学での専門科目の教育において、学生も勉学に励むし教師も熱意をもって教えるので、大きな比重を示している。この点、国立大の学生は恵まれているのである。

こう述べると、慶応の学生がよい教育を受けていないように映るかもしれないが、ゼミの学生が多いことのメリットもある。それはゼミの卒業生が多いことで、現役の学生が求職活動をおこなう際に、幅広い業種の、多くの先輩に接することが可能となり、就職において有利に作用することがあるかもしれないという点である。

慶応卒業生であることのメリット

話題を本題に戻そう。ゼミを卒業したことのメリットに加えて、慶応大学を卒業したということも、就職活動において有利に働くことがあるだろう。有名大企業に勤務する慶応卒業生が多いという事実、そして役員や社長になっている人も多いということは、入社のみならず、その後の会社の昇進においても有利に作用する可能性はある。

慶応の卒業生が企業において、社長や役員に昇進する人の絶対数が第一位であることは第一章で示したが、本章では輩出率でそれを再評価してみよう。上場企業の社長と役員に関して、その大学の卒業生が、どれだけの比率で社長や役員に昇進するかを示したのが図表3―4、3―5である。なお、これらの図表における輩出率とは二〇〇七年の就職者の数で調整したもので、昇進する確率がどのくらいであるかを示したものである（本来ならば、現在役員や社長になっている人と同期あたりの卒業生の数を分母にして調整するのが、より正しい輩出率である。それについては図表4―7を参照）。

図表3―4、3―5によると、慶応の社長の輩出率は第一位であり、役員の輩出率も一橋大学についで第二位である。企業に就職した慶応大学の卒業生は、絶対数でも輩出率でも社長や役員になり、成功を収める可能性は、他の大学よりも断トツに高いのである。

もとより、慶応の卒業生ということだけで、企業内の昇進において有利になるという時代ではない。本人の能力・実績を無視して、大学の名前だけで昇進が有利なことがあるなら、企業内での組織はうまく機能しない。このような不公正な人事をやれば組織が崩壊す

【大学別】

順位	大学名	指数
1	慶應義塾大学	0.061
2	一橋大学	0.052
3	東京大学	0.051
4	京都大学	0.026
5	早稲田大学	0.021
6	成蹊大学	0.019
6	大阪市立大学	0.019
8	甲南大学	0.018
8	成城大学	0.018
8	横浜市立大学	0.018
11	北海道大学	0.017
11	武蔵工業大学	0.017
13	横浜国立大学	0.016
14	中央大学	0.015
14	同志社大学	0.015
14	立教大学	0.015
14	学習院大学	0.015
18	大阪大学	0.014
18	九州大学	0.014
20	関西学院大学	0.013
21	神戸大学	0.012
21	東北大学	0.012
21	上智大学	0.012
21	大阪府立大学	0.012
25	明治大学	0.011
25	名古屋工業大学	0.011
27	青山学院大学	0.010
28	日本大学	0.009
28	関西大学	0.009
28	名古屋大学	0.009
28	静岡大学	0.009
28	大阪経済大学	0.009

【大学・学部別】

順位	大学・学部名	指数
1	東京大学・経済学部	0.135
2	東京大学・法学部	0.106
3	慶應義塾大学・経済学部	0.094
4	京都大学・経済学部	0.087
5	慶應義塾大学・法学部	0.066
6	慶應義塾大学・商学部	0.065
7	大阪大学・経済学部	0.053
8	一橋大学・商学部	0.049
9	京都大学・法学部	0.046
10	一橋大学・経済学部	0.045
11	一橋大学・社会学部	0.044
12	東京大学・工学部	0.039
12	神戸大学・経済学部	0.039
14	早稲田大学・政経学部	0.036
14	早稲田大学・商学部	0.036
16	名古屋大学・経済学部	0.034
17	九州大学・法学部	0.032
18	甲南大学・経営学部	0.031
18	九州大学・経済学部	0.031
20	東京大学・文学部	0.030
21	横浜国立大学・経済学部	0.027
21	立教大学・経済学部	0.027
23	慶應義塾大学・理工学部	0.025
24	青山学院大学・経済学部	0.024
25	早稲田大学・理工学部	0.023
25	上智大学・法学部	0.023
25	京都大学・工学部	0.023
28	神戸大学・経営学部	0.022
28	関西学院大学・経済学部	0.022
30	北海道大学・工学部	0.021

図表 3−4　社長輩出率大学・学部ベスト 30

(『プレジデント』2007 年 10 月 15 日号より)

【大学別】

順位	大学名	指数
1	一橋大学	0.459
2	慶應義塾大学	0.347
3	東京大学	0.337
4	京都大学	0.204
5	早稲田大学	0.174
6	大阪市立大学	0.162
7	中央大学	0.147
8	名古屋大学	0.126
9	北海道大学	0.120
10	同志社大学	0.117
11	明治大学	0.115
12	東北大学	0.113
13	横浜国立大学	0.112
14	関西学院大学	0.111
14	九州大学	0.111
16	大阪府立大学	0.110
17	神戸大学	0.106
18	上智大学	0.103
19	名古屋工業大学	0.100
20	武蔵工業大学	0.098
21	大阪大学	0.097
22	学習院大学	0.091
22	工学院大学	0.091
24	立教大学	0.090
24	甲南大学	0.090
26	成蹊大学	0.079
27	芝浦工業大学	0.076
27	東京経済大学	0.076
29	関西大学	0.070
30	青山学院大学	0.069

【大学・学部別】

順位	大学・学部名	指数
1	東京大学・経済学部	0.825
2	東京大学・法学部	0.787
3	京都大学・経済学部	0.659
4	慶應義塾大学・経済学部	0.537
5	一橋大学・経済学部	0.514
6	一橋大学・商学部	0.445
7	京都大学・法学部	0.394
8	九州大学・工学部	0.391
9	慶應義塾大学・法学部	0.378
10	名古屋大学・経済学部	0.373
11	慶應義塾大学・商学部	0.360
12	早稲田大学・商学部	0.299
13	早稲田大学・政経学部	0.296
14	神戸大学・経済学部	0.290
15	大阪大学・経済学部	0.289
16	神戸大学・経営学部	0.255
17	東京大学・工学部	0.251
18	一橋大学・法学部	0.246
19	九州大学・法学部	0.237
20	早稲田大学・法学部	0.223
21	九州大学・経済学部	0.217
22	関西学院大学・経済学部	0.195
23	関西学院大学・商学部	0.191
24	一橋大学・社会学部	0.179
25	京都大学・工学部	0.162
26	中央大学・法学部	0.158
27	青山学院大学・経済学部	0.156
28	東北大学・経済学部	0.148
29	早稲田大学・理工学部	0.142
30	大阪大学・工学部	0.141

図表 3−5　役員輩出率大学・学部ベスト 30

(『プレジデント』2007 年 10 月 15 日号より)

るのは経営者もよくわかっている。むしろ、企業において高い能力・実績を示したのが、慶応の卒業生であった、と理解した方がよい。しかし、多くの慶応卒業生が企業のなかにいれば、出会いや情報交換の場として、慶応出身であることが役立つことはあるだろう。

これに加えて、つぎのような人間心理も無視しえないだろう。二人の社員がいて、どちらかを課長なり、部長に昇進させる場合を考えてみたい。二人の能力・実績はまったく同等で、甲乙つけがたい状況にあるとしよう。この二人のうち一人はA大学、もう一人はB大学の卒業生とする。たまたまその昇任を決定する上役の卒業校がA大学であれば、人情としてA大学の卒業生を選抜するケースは多いだろう。この決定を多くの人は非難しないか、やむをえないと判断する。決定に参加する他の上役の卒業校がA大学であれば、その可能性はますます高まるだろう。

その会社にA大学の卒業生が多く働き、かつ役員にもA大学の卒業生が多ければ、結果としてA大学卒業生が昇進に際して有利となる。ここでは二人の候補者がまったく同等の能力・実績を示したものと仮定しているが、現実の職場ではこうした状況はそれほど多く発生していないと予想できる。すなわち、候補者二人のうちどちらかが有能と判定されるケースの方が多いだろう。このように有能と判定される人が慶応の卒業生であり、同等の能力・実績を示した二人の候補について述べた例についていえば、A大学は慶応大学とみなしてよい。この二つのケースがあちこちで見られれば、企業内において慶応の卒業生に昇進する人が多いことの説明となる。

慶応三田会という組織

これまで述べてきたことを、制度として実践する場が、これから紹介する「慶応三田会」である。慶応の卒業生は塾員と呼ばれるが、塾員の集合体がこの慶応三田会である。本書の主たる関心であるもう一つの大学の早稲田大学では、「稲門《とうもん》会」がこれにあたる。国立大学では一橋大学の「如水会」や、旧制神戸商大の流れをくむ神戸大学の法・経済・経営の卒業生などによる「凌霜《りようそう》会」などがある。東大、京大などの旧帝国大学は「学士会」がゆるい形態での同窓会であるが、はるかに弱い組織である。

「慶応三田会」がどのような同窓会組織であるか、かつその結束力の強さとその効果については、島田裕巳『慶應三田会』に詳しい解説がある。島田裕巳によると、二九万人にのぼる会員を誇るこの同窓会は日本一の結束力ということであるが、たしかにつぎのようなことを知ると、それもうなずける。

例えば、慶応三田会の上部団体が「連合三田会」であるが、公式の加盟団体数はおよそ八七〇という多さであるし、公式に上部団体に加盟していない団体の数が数百ということである。これらの下部組織は、卒業年次を同じくする人が集まる「年度三田会」、同じ地域に住む人による「地域三田会」、同じ企業に勤める人の「職域三田会」、その他の「諸会」の四つに区分されている。

具体的にどのような三田会があるかは島田の『慶應三田会』に詳しい。地域別であれば、東京の町田市で三一〇名、武蔵野市で三四三名であり、小さな地域でこれだけの多さである。企業別であれば、東芝三田会が一五〇〇名、三井住友海上三田会が一三〇〇名、三井物産三田会一〇〇〇名、三菱東京UFJ銀行三田会が一〇〇〇名など、たいへんな数である。このような名だたる名門企業のみならず、他の大企業でも大同小異である。その他にも、海外での三田会、公認会計士、弁護士などといった職務を同じくする人が集まる三田会が組織されている。

「社中協力」

なぜこれだけ多くの人が慶応三田会に加入しているのか、というのがつぎの関心となる。私見をふくめていくつか列挙しておこう。

第一に、慶應義塾創設以来の校是として、「社中協力」があり、この理念が現代まで生きている。慶応で学んだ人の集合体を「社中」と呼んでいるが、社中協力とは社中が親睦を深め、かつ共同体のようにお互いを助け合う精神の重要性を説いているのである。この思想は哲学・倫理学における「コミュニタリアニズム（共同体主義）」に通じるものがある。この思想は資質を共有する人びとのあいだの連帯感に価値をおくものであり、「慶応三田会」の場合には慶応で学んだというのが共通の資質である。

「コミュニタリアニズム」の対極にある思想は「リベラリズム（自由主義）」である。リベラリズムの内容は多種多様にわたるので、一概に語ることはできないが、日本人にコミュニタリアニズムの志向が強いことは、例えば拙著『セーフティ・ネットの経済学』『安心の経済学』で示されている。慶応の卒業生の結束力の強いことは、日本人のこの志向で説明できる。でもこの志向だけでは不十分である。なぜ慶応の卒業生にこの志向が特に強いのかを説明せねばならない。

第二に、慶応の卒業生の多くは経済人として、すなわち実業界で働く人が圧倒的に多い。ビジネスの成功のためには、情報の交換や人のネットワークが特に重要である。顧客を見つけることとか、仕入先をどこにするのか、といったことをうまく進めるには、情報とネットワークが死命を制する。コミュニケーション能力にすぐれ、清潔感があって人あたりがよく、情報収集力にすぐれたうえに、ビジネスの遂行能力が高い慶応生にとって、三田会の集まりはネットワークを広げる場として存在しているのである。

第三に、圧倒的に高い比率の慶応生は自分が在学中に受けた教育内容、友人たちとのつきあい、クラブやサークルでの活動などに満足した度合いが高いと判断できるのではないか。それは裕福な家庭で育った人が多いから、ということも無視はできない。理由はともあれ、楽しい学生時代を過ごしたので、卒業後もその思い出を共有できる人とのつきあいを求める。その発露が慶応三田会の結束力の強さであり、お互いに助け合う精神を他校の卒業生よりも強くもつことになると考えられるだろう。

第四に、第三のことと密接に関係するが、慶応の卒業生は母校愛が非常に強い。在学中に受けたよい教育の思い出、人とのつながりの濃さが、母校への愛となるのである。さらに、恵まれた家庭に育った子弟が多いのも手伝って、悪い人はいないだろうという確信から、同窓生への信頼性が高いことがある。母校愛の強さと、同窓生への信頼の強さは、自然と卒業生の結びつきを強めることになる。

じつはこの第三と第四の要因、すなわち学生時代の満足の高さや、よき思い出、母校愛、同窓生への信頼などが、彼らの結びつきの強さを説明する際に、もっとも重要なものではないかと私は判断している。

以上が多くの卒業生が「慶応三田会」に加入して、諸々の同窓会活動に積極的に参加する理由である。さらに、たとえ積極的に同窓会に参加しない慶応の卒業生であっても、同窓生とのあいだの助け合いに前向きで、同窓生を引き立てようとする気持ちを、大なり小なりもっている理由にもつながる。

閉鎖主義の声

以上、見てきたように、特に経済界では慶応の活躍に注目が集まっているが、こうした傾向が続くと社会からの関心も高まるし、冷たい目が向けられる可能性もある。例えば、慶応卒業生のあいだの結びつきの強さ、いわゆる二世と言われる政治家や経営者の増加、恵まれた家庭で育った子弟が多く入学していることなどについて、半分以上は嫉妬からくることであるが、否定的な声が強まる可能性がなくはない。もう少し具体的に言うと、慶応の卒業生の結びつきが行き過ぎると、慶応縁故主義の横行、あるいは閉鎖主義として非難される時代が到来するかもしれない。

それはこれまで日本の各分野を支配してきた東大卒業生への愛憎を込めた見方と似たものである。いわゆるエリートとして日本を導いてきた東大生に対する尊敬心はもちろん強いが、一方で人とのつきあいが不得手なために、嫌われることもあった。しかも、さまざまな分野においてリーダーとして君臨する東大卒業生に対する対抗心という心情が、他の大学の卒業生に多少なりともあったことは否定できない。それが今度は慶応の卒業生に向けられるかもしれない。

慶応生に対する見方はどうだろうか。勉強はよくできることはたしかであるが、東大生ほどめだつわけではないので、その点で嫌味を感じられることはないだろう。しかも性格も明るくて好感を与える人も多いので、その点の心配もない。あるとすれば、恵まれた家庭環境に育って二世・三世として活躍する慶応生が多くなり、生まれたときからすでに優位に立っているのではないか、という感情をもたれることへの危惧がある。

機会の平等

格差社会に突入した日本社会であるが、所得分配などの「結果の平等」があるべきだ、という主張に関しては、意見の分かれるところである。一方、少なくとも「機会の平等」は大切な価値基準であると多くの人は信じている。「機会の平等」の精神に反すると言えてしまうような、人生のスタートラインから有利な立場にいる人の多い慶応関係者が、これにどう反応するのか、興味がもたれる。あるいは、社会全体で「機会の平等」を達成しようとする気運が高まったときに、慶応の人がどう対応するかである。

福沢諭吉は「天は人の上に人を造らず、人の下に人を造らず」と説いた。「機会の平等」を主張したとも解釈できる福沢は、お墓のなかでいまの慶応のおかれた状況をどうとらえているのだろうか、裕福な家庭に育ったいわゆる「慶応ボーイ」の多い現状を是とするのか、聞いてみたい気がする。「機会の平等」を説いた福沢も、上級武士の子弟が下級武士出身の諭吉よりも優遇されている不平等を嘆いたことはすでに述べた。

しかし、福沢の教育観に留意点が一つある。『学問のすゝめ』のなかで、学問を修めるか修めないかの差が、後にその人が豊かになるか貧しくなるか、あるいは貴人になるか下人になるか、の差につながると説いた。これは努力の差が結果の格差を生むとした論理であり、正しい主張である。しかし、福沢は誰がどれだけの教育を受けるか、ということに関して、天野郁夫『学歴の社会史』が紹介するように、「家産豊にして父母の志篤き者が子の為めに上等の教育を買ひ、資力少しく足らざる者は中等を買ひ」と説いている。

父母の経済力の差によって子弟の受ける教育に差が生じても仕方がない、と福沢は主張していると解釈できる。現に私学のなかでも慶応は、明確に富裕層の子弟のための学校であることを福沢自身が認めていた。この伝統が現在までつづいていると理解してよさそうである。福沢諭吉自ら親の資力に応じて子弟の教育に差が生じることを容認しているのであるから、慶応生に裕福な家庭の子弟が多いのは不自然ではないだろう。しかし一方、親の経済力で子弟の教育が決まるなら、「機会の平等」は阻害されている、と解釈することも可能である。

イギリスのような階級社会では、育ちが重んじられ、縁故主義で選抜がおこなわれていたが、それを排除するためにメリトクラシー（業績主義）の基準が台頭してきた。このメリトクラシーに忠実であるために、教育の成果が選抜の基準として用いられるようになった、という歴史的な経緯がある。一見すると、教育による選抜は公平のように映るが、それがいわゆるイートン校やハーロー校のようなパブリックスクール、オックスフォードやケンブリッジのエリート大学の君臨という副産物を生んだ。

メリトクラシー制度への道を歩んだイギリスの新しい課題は、こういうパブリックスクールやオックスブリッジ大学に進学できる生徒の親が恵まれた家庭である、ということにある。逆に言えば、恵まれない家庭に育った子ども（例えばイギリスで頻繁に用いられる「ワーキング・クラス」の階級）は、これらの大学から排除されている可能性が高いのである。慶応はこれらのパブリックスクールやオックスブリッジ大学に似た様相を示しているわけではないが、このままであれば近い将来にそうなる可能性はある。いわば階層固定化社会の象徴としての慶応になりつつあると言ってよい。私はエリートを生む教育を否定していない。社会において優秀な人の役割は大切である。もっとも重要なことは、どういう家庭に育った子弟であっても、よい教育を受けられるような制度の整備である。

第四章　早稲田とマスプロ教育

1　早稲田の人材力

際立つ人材輩出

有名人のなかで早稲田大学の出身者（中退者をふくむ）は、慶応大学の出身者より多い。図表4―1を用いてそれを確認しておこう。そのソースは大学ガイドとして知られる朝日新聞社の『2008年版大学ランキング』である。掲載される有名人のリストは政治家、経営者、文筆・評論家、芸能人、スポーツ関係など多岐の分野にわたっている。経営者は無名の人もいるが、社会で重要な地位を占めているので、リストに入れている。

リストを見るにつけ、慶応よりも早稲田がより多くの有名人を輩出していることがわかる。あらゆる分野において早稲田の人材輩出が際立っている。この表では官界、司法界、学界などの分野が欠落しているので、社会に貢献している人という視点からすると少し一面的ではあるが、早稲田の有名人輩出率がゆらぐことはない。

現存する人ばかりでなく、過去の人までふくめても、早稲田の卒業生、そして中退生に有名人と成功者がなぜ多いのかをこの章では考えてみたい。個性豊かな人を多く生み出し

[慶應義塾大学]

小泉純一郎、小沢一郎、平沼赳夫、石破茂、石原伸晃、亀井善之、大島理森、丹羽雄哉、浜四津敏子（以上政治家）、生田正治、北城恪太郎、北島義俊、佐治信忠、渡辺捷昭、上原明、勝俣宣夫、水田寛和、根津公一、岡野光喜、加藤奐、前田新造、牛久崇司、久保伸太郎、磯原裕、岡素之、作田久男、村野晃一、古河建純、梶川隆（以上経営者）、福田和也、佐高信（以上評論家）、つかこうへい、なだいなだ、安岡章太郎、坂上弘、大沢在昌、車谷長吉、金城一紀、玄侑宗久、鈴木光司、石川好（以上作家）、神足裕司（コラムニスト）、内田春菊（漫画家）、吉増剛造（詩人）、向井千秋（宇宙飛行士）、佐藤允彦（ジャズピアニスト）、坂村健（コンピューターアーキテクト、東京大学大学院教授）、山本耀司（ファッションデザイナー）、市川猿之助（歌舞伎役者）、浅利慶太（演出家）、石坂浩二、加山雄三、檀ふみ、中村雅俊（以上タレント）、高橋由伸（プロ野球選手）。

[早稲田大学]

森喜朗、青木幹雄、海部俊樹、河野洋平、福田康夫、渡部恒三、武部勤、田中眞紀子、赤松広隆、大田昌秀（以上政治家）、福武總一郎、日枝久、角和夫、野村哲也、若林清造、福井威夫、栗田昂、岡部季生、君和田正夫、長谷川閑史、大須賀頼彦、森田浩治（以上経営者）、いとうせいこう、阿刀田高、久間十義、宮城谷昌光、五木寛之、高橋克彦、三浦哲郎、野坂昭如、連城三紀彦、乃南アサ、小川洋子、高橋三千綱、船戸与一、重松清、藤田宜永、多和田葉子、角田光代、佐野眞一（以上作家）、勝谷誠彦（コラムニスト）、白石かずこ（詩人）、俵万智（歌人）、山田太一、北川悦吏子（以上脚本家）、東海林さだお、弘兼憲史、やくみつる（以上漫画家）、東陽一、実相寺昭雄、篠田正浩（以上映画監督）、浅井慎平（写真家）、菊竹清訓（建築家）、沈壽官（陶芸家）、柳瀬尚紀（翻訳家）、筑紫哲也、田原総一朗、久米宏（以上キャスター）、松本幸四郎、中村吉右衛門（以上歌舞伎役者）、北大路欣也、森繁久彌、宇津井健、瑳川哲朗、タモリ、ラサール石井、永六輔、小沢昭一、加藤剛、吉永小百合、佐藤B作、長塚京三、内野聖陽、菅原文太、大橋巨泉、渡瀬恒彦、風間杜夫、平田満、室井滋、八木亜希子、藤木直人（以上タレント）、瀬古利彦（エスビー食品陸上部監督）、川淵三郎（日本サッカー協会会長）、上野良治（Jリーガー）、岡田彰布（プロ野球監督）、小宮山悟、和田毅、鳥谷敬、青木宣親、藤井秀悟（以上プロ野球選手）、荒川静香（フィギュアスケート）。

図表4−1　早慶出身（中退者もふくむ）の有名人

（『2008年版大学ランキング』朝日新聞社をもとに作成）

昭和25年入学者（1950年）	%	昭和40年入学者（1965年）	%	昭和55年入学者（1980年）	%
143	2.8	186	2.0	150	1.7
267	5.1	376	4.1	392	4.6
3,081	59.3	5,498	59.6	4,876	56.8
704	13.6	1,286	13.9	1,285	15.0
188	3.6	612	6.6	653	7.6
241	4.6	438	4.8	427	5.0
125	2.4	267	2.9	224	2.6
431	8.3	553	6.0	565	6.6
13	0.3	4	0.0	2	0.0
5,193	100.0	9,220	99.9	8,574	99.9

た早稲田大学の秘密と、一方で早稲田大学が抱える課題を論じることにする。

地方出身者の大学からシティ・ボーイの大学へ

第一章で早稲田大学には青雲の志を抱いて入学する地方出身者が多いと述べたが、早稲田がいかに地方出身者にとって魅力のある学校であったかを確認しておこう。図表4―2は出身地別の学生数とその比率を示したものである。この表では特に戦前に注目しよう。明治一六年（一八八三）で関東出身が二三・八パーセント、大正九年（一九二〇）で二七・三パーセント、昭和一〇年（一九三五）で三一・八パーセントというように、三割前後の学生しか関東地域から入学していない。一方、九州は一〇パーセントを超え、中国も一〇パーセント前後なので、早稲田は地方からの人気の高かったことを証明している。

地方	明治 16 年 在籍者 (1883 年)	%	大正 9 年 卒業者 (1920 年)	%	昭和 10 年 卒業者 (1935 年)	%
北海道	1	0.5	29	2.2	66	2.8
東北	19	8.9	90	6.9	188	8.0
関東	51	23.8	356	27.3	749	31.8
中部	62	29.0	226	17.3	412	17.5
近畿	22	10.3	181	13.9	277	11.7
中国	23	10.7	145	11.1	215	9.1
四国	4	1.9	60	4.6	91	3.9
九州	32	15.0	162	12.4	288	12.2
その他	0	0.0	56	4.3	72	3.1
計	214	100.1	1,305	100.0	2,358	100.1

図表 4－2　早稲田における出身地方別学生数とその比率（明治 16～昭和 55 年）
（『早稲田大学百年史』第五巻より）

この表によると、戦後は関東出身が六割近くになっているので、現代の早稲田は関東出身者の大学というイメージを抱きがちである。しかし、地方出身者は絶対数で評価すればかなりの増加傾向を示しているので、高度成長期以降において早稲田大学が地方出身者にとって魅力を増したということはまちがいではない。

一方、慶応はどうであろうか。図表4―3は近年の地域別志願者数とその比率を示したものである。首都四県（埼玉、千葉、東京、神奈川）の出身比率が昭和五一年（一九七六）で四六・一パーセントだったのが、平成三年（一九九一）には六〇・一パーセントに増加している。ちなみに、二〇〇七年ではその比率は六〇・〇パーセントで一六年前とほとんど変化がない。じつは早稲田も現在は首都圏出身者が六〇・四パーセントで慶応と同水準であり、早慶ともにシティ・ボーイの

	昭和51年(1976年)	%	昭和56年(1981年)	%	昭和61年(1986年)	%	平成3年(1991年)	%
東北・北海道	3,829	6.7	2,648	5.6	2,155	4.3	2,228	3.4
茨城・栃木・群馬	2,766	4.8	1,878	3.9	1,832	3.7	2,468	3.8
首都4県	26,318	46.1	23,835	50.4	29,051	58.5	39,083	60.1
(東京)	16,432	28.8	13,761	29.1	15,196	30.6	19,056	29.3
(神奈川)	6,209	10.9	6,165	13.0	7,986	16.1	11,461	17.6
北陸4県	2,216	3.9	1,631	3.4	1,353	2.7	1,632	2.5
山梨・長野	1,914	3.4	1,389	3.0	1,147	2.4	1,225	1.9
東海4県	5,715	10.0	5,166	10.9	4,716	9.5	5,654	8.7
近畿	5,027	8.7	4,225	8.9	3,898	7.8	6,095	9.4
中国	3,418	6.0	2,228	4.7	1,946	3.9	2,364	3.6
四国	1,766	3.0	1,282	2.7	940	1.9	1,220	1.9
九州・沖縄	4,135	7.2	3,006	6.4	2,578	5.2	3,062	4.7
合計	57,104	100.0	47,288	99.9	49,616	99.9	65,031	100.0

図表4−3　慶應義塾における地域別志願者数の推移
(池田前掲書より。東京、神奈川は首都4県にふくまれる)

イメージがある。

首都四県、あるいは関東地域出身者が早慶両大学で学ぶ比率が高まったのは、一つには東京への人口集中化現象がある。日本の高度成長とその後の経済発展は、人びとを大都会に移住させる効果があったが、その象徴が東京の一極集中化現象である。東京に移住した人びとは近県に住居を構えるわけで、その人びとの子弟は東京圏で育つことになる。東京圏、あるいは首都圏で育つ若者が増加すれば、首都四県、あるいは関東地方からの早慶両大学への志望者が増加するのは、自然な帰結である。

2　早稲田人の「個性」

「学問の独立」と「個性尊重」

慶応の教育を象徴する言葉を二つ挙げれば「独立自尊」「実学」となる。早稲田は「学問の独立」「個性尊重」となろうか。東京専門学校創設時、明治一四年の政変によって大隈が下野《げや》して同校の創立を計画したとき、大隈は校是として「学問は政治の世界から独立であるべき」との思想を主張したかったという。慶応の「独立自尊」と理念は近い。「個性尊重」は早稲田をもっとも象徴する言葉である。大隈などがこの言葉を積極的に述べたわけではないが、早稲田の特色を単刀直入に表現した言葉と理解した方がよい。「個性尊重」を早稲田に即して具体的に表現する言葉は、「反骨精神」「一匹狼」「バンカラ」「進取の精神」などがある。

東京専門学校が創設された頃、反政府を標榜して、反政府運動の闘士を育てるのではないかとみなして、明治政府がさまざまな妨害運動を陰に陽に実行したことは第二章ですでに述べた。大隈は半ば追放されたかたちで政府を離れたので、抵抗勢力を形成するのではないかと政府が恐れたからである。このような状況にあったからこそ、東京専門学校関係者は「学問の独立」を掲げて、大隈の政治的野心に共鳴する若者を育てようとしているわけではないことを示した。そして独立を唱えるために、反骨精神や一匹狼などという激しい標語が好まれたのである。

ソニーのレジスタンス精神とフロンティア精神

ソニーの創設者である井深大《まさる》は昭和八年（一九三三）の理工学部の出身であるが、早稲田の真髄は反骨精神にあると説いている。井深は帝国大学が支配している日本にあっては、劣位にある私学が勝つには、官学へのコンプレックスをはねのけて、積極的に物事に挑戦する精神が必要であると主張している。このレジスタンス精神とフロンティア精神が、既存の企業に就職せずに、東京通信工業（ソニーの前身）というベンチャー企業創設というかたちで結実したのである。大阪帝国大学出身である盛田昭夫という好パートナーを得て、ソニーはその後日本を代表する電気・通信会社に成長していった。

反骨精神はすでに述べたように、東大など旧帝大への対抗意識がその源泉である。創設当初の教師であった高田早苗や天野為之が東大出身であったにもかかわらず、その後徐々に反東大意識が早稲田において高まっていくのは、歴史の皮肉であるし興味深い点でもある。当時学校の姿をなしていたのは、大隈と仲のよかった福沢の慶応と官学の代表である東大、東京高商（後の一橋大学）ぐらいであり、早稲田はこれらの学校の卒業生からしか教員を採用できなかった。そうした状況下、なぜ東大卒業生が多く採用されたのか、よくわからない。ひとつの理由として東大卒業生が優秀であったことは想像できる。大隈と福沢の良

不思議なのはむしろ慶応の卒業生をあまり採用しなかったことである。大隈と福沢の良

好な関係を想定すれば、慶応出の教員がもっといてもよかったはずである。創設当初の東大では、よく知られているように、慶応出身の教師が多く、かつ東大総長まで慶応出身が務めたときもあり、なおさらである。

早稲田が反骨精神を高めていったもう一つの理由は、東大卒業生を中心とした官僚支配への抵抗がある。官僚養成を一つの重要な目標としている東大の教育方針に対して、早稲田がそれに反抗の姿勢を示すのは自然である。慶応が同じような姿勢をとり、多くの卒業生が経済界に進出していったことはすでに述べた。早稲田の学生はどの分野に活路を見出したのであろうか。

「一匹狼」

早稲田のもう一つの特色は「一匹狼」である。「長いものには巻かれよ」を排して、自分一人が天下国家を牛耳るような勢いで我が道を進む生き方を是とし、会社や組織に属して生きる人生を好みとしない。たとえ会社や組織に属したとしても、自立性の高い仕事のできる職場を選ぶのである。

この一匹狼を好む姿勢は、政治家、ジャーナリスト、文人という職業を多くの人が選んだことからも確認できる。早稲田の卒業生の多くがこのような職業に就いていることはよく知られているし、高名な政治家、ジャーナリスト、作家も多い。この伝統があるからこそ、これらの職業をめざす若者が、早稲田大学入学を希望するのである。

社会主義者と野球——安部磯雄

早稲田の歴史を考えるうえで重要な人を論じておこう。それは安部磯雄である。彼を取り上げる理由はいくつかある。

第一に、もっとも重要なことであるが、本書の主たる関心である早稲田大学の教授を長いあいだ務めた。第二に、創設当初は東大出の教授を多く採用した早稲田であったが、彼は同志社の卒業生であること。第三に、私の好きな野球において「学生野球の父」として知られていること。第四に、私の専門である経済学との関係でいえば、代表的な経済思想の一つであるマルクス主義、あるいは社会主義の活動家であったし、早稲田伝統の政治家を生む土壌を培った一人でもあるということである。

安部は元治二年（慶応元年、一八六五）に福岡で生まれた。義兄のすすめで明治一二年（一八七九）に同志社英学校に入学、明治一七年に同校を卒業する。安部にとって、同志社在学中に新島襄《にいじまじょう》に感化されて、キリスト教信者となったのは画期的なことであった。キリスト教的博愛主義に影響を受けたのはまちがいない。

卒業後、同志社の教員になったり、キリスト教の布教活動をおこなったりしていたが、アメリカのハートフォード神学校やベルリン大学に留学したことで転機が訪れる。帰国後同志社の教員として戻ったが、学校当局と徴兵令をめぐる問題で対立し、東京専門学校(後の早稲田大学)に移り、長い間教授を務めた。

真ん中の列中央に大隈重信、左隣が安部磯雄、右隣が高田早苗

安部は社会問題に興味をもち、かつ実践にも熱心だったので、片山潜《かたやません》や幸徳秋水《こうとくしゅうすい》らとともに、社会主義と平和主義を主張する社会民主党を明治三四年(一九〇一)に結成する。安部の『社会主義者となるまで』(一九三二年)によると、世のなかに貧乏人が多くいることを知ったことと、同志社大学在学中に受けたキリスト教的博愛主義の影響が大きい、と述べている。貧困などの社会問題を解決するには、社会主義体制にならねばならない、と信じて、政治的な活動に入った。安部自身も国会議員として政治活動をおこなっている。

当時の日本は軍国主義、資本主義の隆盛する時代でもあったし、世界は帝国主義時代に向かおうとしていた。日本においては、資本家と労働者、あるいは大土地所有者と小作人とのあいだの対立は深刻になっていた。社会主義を信じて当時の支配階級に抵抗する勢力が出てきたのは当然の流れであった。マルクス主義の学問・思想上の影響があったことも確実だった。

社会主義運動は体制側から強烈な弾圧を受けた。有名な大逆事件（一九一〇年）による幸徳秋水らの処刑、大杉栄などの甘粕事件（一九二三年）による虐殺、プロレタリア文学の旗頭、『蟹工船』で有名な小林多喜二《こばやしたきじ》の拷問による獄中死（一九三三年）などの一連の弾圧が象徴例として挙げられよう。ついでながら多喜二は私の母校（小樽商大）の先輩である。このような弾圧のなかで、戦争が終わるまで社会主義や共産主義の運動は地下にもぐる活動しかできなかったのである。

そのなかでの救いは、安部磯雄が日本の大学野球の発展に寄与したことであった。一九〇一年に早稲田の初代野球部長となり、早慶戦を創設する努力をする。早慶戦は、世のなかで人気を博し、その後の野球の発展の基礎となったので、安部の功績は大きい。ついでながら早稲田大学の野球場は「安部球場」と呼ばれていた。

社会主義者と野球といえば、一見何の関係もなさそうであるところが、安部の魅力でもある。

「首相になるなら早稲田」

早稲田の政治家を志望する伝統は、創立者の大隈重信自身が二度も首相の職についた大政治家であることに加えて、創立時に大きな役割を果たした小野梓や高田早苗、そして安部磯雄以来のものである。「雄弁会」のことは第二章ですでに述べたが、学生の頃から政治家を生む土壌は培われていたのである。

早稲田出身の政治家には、当然のことながら時の政権担当者である与党側に属する人と、野党側に属する人の両派がいることは言うまでもない。

大隈が首相になった頃には、大隈支持派の流れにいた人が雄弁会に多くいたが、雄弁会のなかにも時の権力に反抗する学生もいた。日本が軍国主義に向かおうとしていた時期に、雄弁会はこの軍事化に反対する姿勢をとった。その代表が戦後の社会党の委員長になり、テロリストに刺殺された浅沼稲次郎《あさぬまいねじろう》であった。その後、軍事化が進むなか、左翼と右翼が争いを示すようになったので、大学は不穏な空気を打ち消すために、昭和四年（一九二九）に当時の雄弁会を解散した。

戦後になって、雄弁会は再生したが、当然のことながら戦後の激動期にあっては左翼勢力も強かった。雄弁会はどちらかと言えば、現在の自由民主党の流れのなかにいる与党側

全国会議員（衆・参）

順位	大学	人
1	東京大	143
2	早稲田大	84
3	慶應義塾大	75
4	中央大	34
5	京都大	29
6	日本大	27
7	明治大	16
8	上智大	12
9	一橋大	11
	東北大	11
11	創価大	10
	法政大	10
13	関西大	9
14	立教大	8
	立命館大	8
16	成城大	7
	北海道大	7
18	学習院大	6
19	青山学院大	5
	専修大	5
	大阪大	5

図表4－4　国会議員の出身大学（2007年）
（小林哲夫『ニッポンの大学』講談社現代新書、2007年より）

の政治家になる人が属する会となった。その代表が竹下登である。竹下は石橋湛山についで二人目の早稲田出身の首相である。早稲田出身の政治家は国会稲門会に属し、竹下以降も海部俊樹、小渕恵三、森喜朗、福田康夫と続々と首相を輩出している。

　これだけの一大勢力、特に「首相になるなら早稲田」と思わせるほどの成功を示すと、多くの若者がそれにつづけとばかり、早稲田大学への入学を希望して、政治家をめざす可能性が高い。高級官僚上りの政治家が多かった一昔前であれば、高級官僚への登龍門である東大への進学希望者の多かったことは自然であるが、いまでは中央官庁離れが進み、政治家、あるいは首相の座をめざす若者は早稲田を希望する可能性が高い。第一章で、早稲田出身の議員の二世・三世率は低いことを述べたが、残念なことに、早稲田卒で首相に昇りつめた人のかなりが政治家二世である。政治家でない親をもつ子弟が早稲田をめざして、首相を夢見ることがもっとあってよい。

首相になるのは非常に確率が低いが、国会議員になる人の数においても早稲田は他大学より優位な実績を示していることを、図表4―4で確認しておこう。さすがに議員の出身大学の一位は東大に譲っているが、早稲田は第二位となっており、多くの早稲田出身者が国会議員になっていることがうかがえる。

脚光を浴びる知事

政治の世界を考えるうえで、国会議員だけでなく、地方政治家の存在を忘れてはならない。県知事、市町村長をふくめれば、政治家の数は中央の国会議員よりもはるかに多いし、県や市町村議会の議員もいる。政治家志向の強い早稲田の卒業生は、当然のことながら地方政治の世界でも優位に立っている。ごく最近にかぎっても、タレント出身の宮崎県の東国原英夫、大阪府の橋下徹の両知事がいる。どういう経歴をたどれば地方の首長になれるのか、早稲田の人はよく知っている。マスコミに強い早稲田の伝統は地方政治にまで生かされている。

東国原、橋下両知事も地元の宮崎、大阪の高校を出てから早稲田に入学（東国原知事ははじめは専修大入学・卒業）と早稲田出身の地方政治家の一つのパターンと言える。地元の高校の同窓生が選挙の際に応援者となって活躍することは、当選のための一つの条件になっていることが多い。

ところで、早稲田出身の地方政治家は多いと述べてきたが、知事の数自体は、東国原、橋下両知事はマスコミでも脚光を浴びているものの、意外と少ないことを述べておかねばならない。図表4―5は二〇〇八年八月一〇日現在の知事の出身大学を示したものである。この表によると、東大出身が二四人であり半分程度を占めている。ついでかなり離れて、慶応と京大が五人、早稲田は四人である。

大学	人数
東京大学	24
京都大学	5
慶應義塾大学	5
早稲田大学	4
一橋大学	2

図表4―5　出身大学別にみた知事（2008年8月10日現在）

なぜ東大出の知事がこれだけ多いかといえば、総務省出身の知事が多いからである。戦前に内務官僚が官製知事として派遣されたという歴史的な経緯があるので、旧内務省の流れをくむ総務省の官僚が知事になる確率が高い。総務省に入省したキャリア官僚は、途中で都道府県の部長や副知事に呼ばれて赴任することが多い。他の省庁からの赴任もかなりある。これは中央と地方の人事交流を目的にしているが、地方からすれば中央の権威を借りてさまざまな利益を受けたい魂胆もある。部長や副知事になった人が、つぎの知事選挙に立候補して当選するのである。

総務省をはじめ中央官庁のキャリア官僚に東大出が多いので、そのことが東大出身の知事が圧倒的に多い理由である。中央官庁のキャリア官僚に早稲田出身が少ないこと、生え抜き知事についても地方官僚のなかで、早稲田出身者が意外と出世する人の少ないことも早稲田出身知事の少ない理由でもあるだろう。

ただ、東国原、橋下両知事に代表されるように、マスコミでタレントとして知名度を上げた人が知事になるケースがこれから増加しそうなので、将来、早稲田卒業の知事が増加する可能性は高い。

成功を収める中退者

一匹狼にもっともふさわしい職業は、文学や演劇などの世界であろう。本人の能力と業績のみによって世に作家として認められるのがこの世界である。早稲田は著名な作家を続々と生んだ。数が多すぎるので、本章では私の好みと偏見にもとづいて、国木田独歩《くにきだどっぽ》、正宗白鳥《まさむねはくちょう》、北原白秋《きたはらはくしゅう》、横光利一《よこみつりいち》、井伏鱒二《いぶせますじ》、五木寛之《いつきひろゆき》などに限定しておこう。日本でノーベル文学賞を受賞したのは二人（川端康成《かわばたやすなり》、大江健三郎《おおえけんざぶろう》）であるが、二人とも東大出身である。早稲田出身者でノーベル文学賞候補の呼び声高い村上春樹《むらかみはるき》には、総長の白井克彦も著書のなかで、早稲田第一号のノーベル賞と期待しているほどである。

早稲田で興味深いのは、卒業せずに中退した人に成功者が多いことである。私の好みで挙げた六人の作家のうち、正宗白鳥をのぞく五人は早稲田中退である。早稲田の有名人は、卒業生よりも中退者に多いとよく言われるのは、あながち誇張ではない。作家になるには、大学で文学を学ぶよりも、自宅で小説や詩を読みふけったり、多種多様の人生経験を多く重ねた方が、はるかに想像力と文筆力を高めると想定できる。卒業証書などは不要ということもあろう。

このように理解すると、早稲田は多くの文人、そして中退者を出していることからも、一匹狼の集合体と言えるのである。もとより、人数で言えば、早稲田では中退者よりも卒業者の方が圧倒的に多く、しかも卒業生が就いている職業も文人以外の方がはるかに多い。しかし、他の大学と比較すると、中退者や文人の比率が高いので、早稲田は一匹狼を育てる大学と言えるのである。

演劇界においても、坪内逍遥(創設当初の教師)とその後継者の島村抱月の二人は劇壇の創設者であるし、その伝統から多くの映画・演劇人を生んでいる。新聞・テレビ・雑誌といったメディアにおいても早稲田出身の卒業生や中退者の活躍はめざましい。私が日頃つきあいの多い日本経済新聞社では「石を投げれば早稲田卒業生にあたる」と言われるほどで、いかにメディア界で幅を利かせているかがわかる。早稲田に一匹狼の人が多いことは、文壇やマスメディアで活躍する人の多さからも理解できるのである。

吉永小百合と広末涼子

文人・ジャーナリストではないが、関連する分野における早稲田出身の有名人として吉《よし》永《なが》小百合《さゆり》と広末涼子《ひろすえりょうこ》を取り上げよう。二人とも時代は異なるが、アイドル女優として一世を風靡した共通点がある一方で、吉永は大学を卒業したのに対し、広末は中途退学という違いもある。

「サユリスト」というなつかしい言葉があるほど、吉永小百合は映画界の超アイドルであった。慶応出身の作家、遠藤周作も「サユリスト」であることを隠そうとしなかった。すべての年代を通じて多くの男性の心をときめかしたが、単に女優だけにとどまらなかった点で、ユニークな存在である。

吉永小百合

吉永は子役のときから有名であったが、優秀な女生徒が進学する都立駒場高校に入学したので、もともと学力は高かったと言える。「キューポラのある街」で清純派スターとしての地位を確立したが、多忙になり、駒場高校から芸能活動もできる精華学園に移ったものの、結局卒業しなかった。大学進学をあきらめない吉永は大学入学検定試験を通って、念願の早稲田大学第二文学部に入学する。努力家の彼女は無事に卒業し、しかも成績優秀であったという。このあたりのひたむきな学業への精進と女優業との両立という姿が、「サユリスト」の心を一層動かした。映画やテレビ番組に出演し、原節子と並び称されるほどの大女優となったのである。

一方、広末涼子は、もっと若い年代の女性であり、鳴り物入りで早稲田大学の教育学部に入学する。彼女が大学の講義を受けにくるときは、広末のファンやヤジ馬が殺到して、マスコミでも報道され、大騒ぎになったのが一九九九年であり、人びとの記憶に新しい。学業と女優業との両立の難しさから、結局は中途で退学した。早稲田の人は中退する人が有名になる、という伝説の線上にいるとも言えるが、彼女は入学するときからすでに有名だったので当てはまらない。

早稲田の卒業生に広末涼子のことを聞くと、評価は完全に二つに分かれた。有名人を一般入試と異なる方式で入学させることで、早稲田の名声をますます高めるとして是認する人と、早稲田ブランドをほしがる志願者に対して、それに応じてやさしい入試で入学させるのは、早稲田の名声を汚すという否定的な意見の両者であった。

吉永小百合と広末涼子が早稲田と関わりをもつ姿の差は、時代の差を反映している。吉永の時代であれば、一芸入試などといった特別の入試はまだ大っぴらに容認されてはいなかったが、広末の時代になると、私学に独自の入試制度は認められるようになっていた。しかし、広末は結局、中退となってしまったので、露骨な特別入試制度は問題をはらんでいるとも言える。

私のような世代からすると、吉永小百合における早稲田のあり方を支持したいが、私学では大学の知名度が重要な時代になっているので、ＡＯ（アドミッション・オフィス）入試といった特別の入試制度の価値もわからなくはない。公平な入試制度の期待される国公立ですら、推薦入試の制度を導入する時代になっているからである。学生を引きつける競争は私学と国公立を問わず激しくなっているのである。

経済学のなかの早稲田

大学における学問・教育のことについて述べておこう。筆者は経済学者なので、経済学の立場から早稲田大学と他の大学を比較しておこう。戦前はマルクス経済学が主流であった。経済学には大別してマルクス経済学と非マルクス経済学（別名、近代経済学）があるが、当時の東大、京大などの帝国大学ではマルクス経済学が先に外国から大々的に移入されたという事情もあるが、当時の資本主義を容認しない思想が多くの経済学者を魅了したのであろう。

もう一つ興味のあることは、官僚養成をめざす東大などであれば、資本主義を擁護する非マルクス主義が研究・教育の中心思想であってしかるべきであるが、少なくとも経済学の研究・教育ではそうではなく、マルクス主義が中心であった。官僚養成は法学部でなされるので、経済学部は別の主義・主張にもとづいて研究・教育をしていても不都合はなかったのである。もっとも第一次世界大戦後から第二次世界大戦にかけて、日本が軍国主義、帝国主義の色彩を強めてくると、反マルクス主義の動きが日本で強まり、マルクス経済学者への批判・弾圧が強くなったことは記しておいた方がよい。東大・京大などでマルクス経済学者の思想・信条をめぐって、政府・文部省当局と大学・経済学者が学問の自由をどうするかとからんで、紛争の発生することが多かったのである。

帝大以外の他の大学ではどうだったのだろうか。官立である東京商大（現・一橋大）では、福田徳三《ふくだとくぞう》以来の伝統で、主として非マルクス経済学が主流であった。福沢諭吉、小《こ》泉信三《いずみしんぞう》の流れをくむ慶応も、非マルクス経済学が主流であった。一般に非マルクス経済学（あるいは一般に近代経済学と呼ばれる）はスミス、リカード、マーシャル、ケインズなどのイギリス経済学で代表される古典派・新古典派とケインズ経済学が中心であるが、ドイツにおけるリストやシュモラーなどの新歴史学派や、オーストリアにおけるメンガー、ベーム＝バヴェルクなどの国民経済学派もある程度の勢力を保っていた。これらの学説を信奉する日本の経済学者もかなりの数がいた。

早稲田の経済学はどうだったのだろうか。東京専門学校の創設時において経済学を教えた天野為之はイギリスの経済学を研究・教育したが、その後この伝統は徐々に薄れてきた。これは想像であるが、帝国大学におけるマルクス経済学、東京商大や慶応におけるアングロ・サクソンの経済学を主流派とみなして、反骨精神や一匹狼の気概を発揮して、マルクスでもない、アングロ・サクソンでもない別の種類の経済学を、早稲田の経済学者は主として研究・教育するようになったのかもしれない。

その二つの例が、フランスのケネーに代表される「経済循環」の経済思想と、ドイツのゴットル学派の経済思想である。ケネーの経済学は同じくフランスのワルラスによる「一般均衡論」に継承されたので、新古典派経済学の有力な柱になった。新古典派の経済学とは、経済活動をおこなう企業や労働者は市場に信頼をおいて、自由競争に徹することがもっとも好ましいとする考え方である。アダム・スミスの「見えざる手」を信頼し、市場原理主義とみなしてもよい主流派の経済思想である。

したがって、経済学の世界では主流派の一つにはちがいないが、早稲田の経済学者は必ずしも英米における新古典派経済学の動向に関心を示さず、フランスの経済学界の動向に傾倒しつづけ、少数派になったと言える。ゴットル学派の思想は、見方によっては、全体主義の経済政策を支持するものなので、このことも早稲田の経済学が少数派となってしまったことを示している。

フランス経済学、ゴットル経済学が早稲田で研究・教育されたが、アングロ・サクソン経済学を研究・教育している人もいた。ただ、帝国大学に一部いた非マルクス経済学者や東京商大・慶応の非マルクス経済学者の研究業績と比較して、早稲田の経済学は主流派にいるとは言えなかった。それは戦前から現在までつづいている。大浜信泉《おおはまのぶもと》・第七代早稲田大学総長による自虐的な言葉であるが、「早稲田は学生一流、校舎二流、教授三流（あるいは冗談めかして五流）」がそれを物語っている。

多い内部昇進者

現代では主流派を形成する近代経済学者による日本経済学会という日本を代表する経済学の学会がある。一九六八年から二〇〇八年まで、毎年会員の投票によって会長を選出している。この学会の会長は経済学者として研究業績を挙げた人とみなせるので、どこの大学に所属する経済学者であるかを知ることで、その大学の経済学の研究水準がある程度わかる。それを示したのが図表4―6である。早稲田の会長経験者はゼロである。

なぜ早稲田の経済学が弱かったのであろうか。第一に、内部昇進者、つまり早稲田卒業生で教授を固めたので、よい研究成果を出すという刺激や競争心に欠けていた。しかし、この理由でもってすべてのことを説明できない。なぜなら、東大や慶応などでも内部昇進率が高かったにもかかわらず、質の高い経済学者を生んできたからである。早稲田においては内部昇進率の高さが逆に悪い方向に作用したのであろう。

ついでながら、早稲田において内部昇進率が高くなったのには、歴史的な理由がある。東京専門学校の創設時、そしてその後しばらくのあいだ、東大などの卒業生が多く教員になっていたことに対して、早稲田内部で不満がつのり早稲田の卒業生を多く採用する気運が高まったことがある。時代が進むにしたがってこの気運はますます強まり、高い内部昇進率となったのである。

第二に、内部昇進者の選抜の際、学部卒業時の学業成績がきわめて優秀な人を

順位	在籍大学	人数
1	東京大学	8
2	一橋大学	6
2	京都大学	6
4	大阪大学	5
5	慶応大学	3
5	帝塚山大学	3
7	神戸大学	2
8	その他6校	各1

図表4―6　日本経済学会会長経験者の在籍大学
（日本経済学会ホームページより）

助手として採用し、その後の研究業績をさほど審査の対象とせずに、ほぼ自動的に教授に昇進させる制度をとっていたことが挙げられる。学業成績とその後の研究業績のあいだの相関関係はたしかに高いが、優秀な学業成績をおさめた人が、必ずしも後に優れた研究業績を出すとはかぎらないことも、経験的に確認されている。

それよりも、卒業後何年か経過した後に、どれだけの研究業績を挙げたかをみたうえで、大学教員として半永久的に雇用する制度の方が好ましい。アメリカの大学では博士号取得後の六年間を経た後、その人の研究業績を慎重に審査してから、その大学で永久に雇用するかどうかを決定している。これはテニュア制度と呼ばれて、若手の研究者にとって研究業績が厳格に評価されるので、厳しい制度であるが、日本のように一度助手になれば、研究業績がほとんどなくとも教授に昇進していく慣習よりも合理的である。

じつは早稲田大学の人事制度は、他の日本の大学でも大なり小なり採用された制度で、早稲田の経済学者だけが特別の状況にいるのではない。日本の大学、特に経済学などの文科系の学部では、研究業績の評価にあいまいさがあるので、早稲田の経済学者だけが非難されるべきではない。ただ、早稲田は、それがかなり悪い方向に作用したと言えるのではないだろうか。

ついでながら、内部昇進者の多いことと、学部の成績だけで教員を採用していたことを改めて、早稲田大学の政治経済学部（経済学者が多く在籍している）では、外国大学の出身者や外部の研究者を多く採用していることを、白井克彦総長は自著『早稲田大学』のなかで高々と誇っている。この変革がうまく進めば、早稲田の経済学も質が高まるだろうと期待できる。

3　規模拡大路線の功罪

稲門会の結びつき

慶応には「慶応三田会」があり、強固な人的ネットワークが形成されていること、情報提供、人的交流、助け合いなどの場として機能していることは第三章で述べた。早稲田にも似たような組織として「稲門会」がある。早稲田の卒業生が加入する同窓会組織であるが、「慶応三田会」と比較して結びつきの程度がはるかに弱いというのが一般認識である。

早稲田と慶応は二つを総称して早慶と呼ばれる。東京六大学野球など、早稲田と慶応のスポーツにおける早慶戦（慶応では慶早戦と呼ぶらしい）はよく知られており、両校の対抗意識はかなり高い。しかし、両校は私学の雄でもあるので、お互いにライバル意識はあっても、親近感もかなり強い。

このことは早稲田と慶応の卒業生がつどいあう機会が多いことでも理解できる。国外に滞在する両校の卒業生は交流会などをおこなっている。私がパリに滞在していた頃、「パリ三田会」と「パリ稲門会」の会員は時折、ゴルフコンペ、ソフトボール大会、夕食会などで交流を深めていた。異国にいる者同士、早慶の卒業生はお互いに親近感をもつであろうと認識できたのである。

「パリ三田会」の会員同士の交流、「パリ稲門会」の会員同士の交流、どちらがより親密度が高いかと問われれば、ほぼ確実に「パリ三田会」であっただろうと思われるが、確認したことはない。

これが国内のこととなると、「パリ稲門会」の人びとも帰国後はさほど稲門会の活動に参加しないようになる。国内の稲門会の結束力の弱いことは、島田裕巳による『慶應三田会』にも書かれている。

なぜ同窓会に関心を示さないのか

なぜ早稲田の卒業生が同窓会活動にさほどの関心を示さないかを考えてみよう。さまざまな理由が考えられる。

第一に、早稲田の校風である「反骨精神」や「一匹狼」の気風は、同窓会を評価しない伝統を生む。本章では「反骨精神」や「一匹狼」を詳しく論じてきたが、他人から独立していたい、他人の世話にならない人生を送りたい、といった気風の持ち主は、同窓会に無関心になる傾向が強い。

第二に、経済人はビジネスをしていくうえで、同窓会を通じての人脈が役に立つ機会が多い。ビジネスマンになった慶応の卒業生にとって、「慶応三田会」でのネットワークは有用なので、慶応の卒業生は同窓会活動に熱心になる。同じく経済界に多くの卒業生を輩出し、かつ経営者を多く生んでいる一橋大学でもその同窓会組織である「如水会」の結束力は強く、かつ影響力は大きい。経済界では同窓生の結びつきが大切であることの証拠となる。

早稲田においても、政治家、文人、ジャーナリストになった卒業生がめだちはするが、絶対数で評価すればビジネスの世界に入った人が多いのは確実である。ビジネスの世界に入ったのであれば、慶応大学や一橋大学の卒業生のように、早稲田大学であっても同窓会組織を通じて人脈形成や商取引に役立たせようとする動機があるものと予想されるが、慶応や一橋の卒業生ほど同窓会活動に熱心ではない。早稲田卒のビジネスマンは、同窓会を通じてビジネスを有利に働かせるのは、はしたない行為と思っている可能性がある。あるいは、反骨精神や一匹狼の気風に憧れる若者が早稲田への入学を希望しているのであるから、主義として同窓会活動を否定する傾向がそもそもあるのかもしれない。

早稲田関係の書物を読むと、例えば大下英治『小説早稲田大学』には、竹下登を首相にするために「与野党で政権を」と、「国会稲門会」所属の国会議員が盛り上がる光景が描かれている。反骨精神と一匹狼の伝統を誇る早稲田卒の国会議員も、同窓生を首相にする熱気を示したのであり、同窓会活動に不熱心な早稲田の卒業生という理解と、一見矛盾を呈している。政治家を同窓意識の強くない一匹狼の集合体とみなした私の見解がまちがいであるかもしれない。しかしよく考えてみれば、政治家は多数派をめざして闘争をくりかえしている人びとであるから、時には徒党を組むことがあるだろう。それが、「国会稲門会」かもしれない。

拡大路線の帰結

同窓会活動に熱心でない理由として、第三に、早稲田は巨大になりすぎた。第一四代総長であった奥島孝康は早稲田大学の拡大路線をとり、学生・教員数を規模でいえば日本のトップ3にまで拡張した。その経緯については、奥島孝康『早稲田大学』に詳しい。もともと早稲田は慶応よりも規模が大きく、学生数が多いだけ、多種多様の考え方をもち、育った環境や出身地も多岐にわたる人が入学してきた。

慶応では比較的裕福な家庭に育った、いわゆる坊ちゃん・お嬢さまタイプの学生が多いので、生活様式や考え方を共有する人が多い。しかも、日本大や早稲田大のように大規模化せずに、学生の数を抑える政策を採用している。できるだけ同質の学生を集めたいとする方針があると言えるかもしれない。このような人の集まりであれば、自然と構成員のあいだでの連帯感は強くなるのが自然であり、それが慶応三田会の結束力の強さにつながる。

一方、さまざまな学生がいるのが早稲田の特色である。考えや環境も異なる学生が集まるのであれば、皆でなにかを一緒にやろうという雰囲気になりにくいのは世の常である。それが稲門会の結束の弱さにつながるのである。

一貫教育のゆくえ

第四に、早稲田には一貫教育の伝統が希薄であった。慶応のように、一貫教育が特色であるなら、若い時代の長い期間を同じ校舎で過ごせば、自然と強い同窓意識をもつようになる。これが卒業生の強い結束力の源泉となる。

一方、早稲田には系列の高等学校（附属校として高等学院、本庄高等学院、系列校として早稲田実業、早稲田高校、早稲田渋谷シンガポール校）は存在するが、大学に入学する学生の大多数は早稲田と無縁の高校出身者である。大学だけの四年間という短期間では、強い同窓意識や結束力が生まれない可能性がある。ましてや早稲田実業の初等部ができるまでは、慶応幼稚舎のような小学校からの一貫教育がなかったので、愛校心もそれほど強く育たなかったと予想される。慶応においても、幼稚舎から学んだ人は人数からすればかなりの少数派であるが、途中の普通部、高校から、あるいは大学から慶応に入学した学生も、幼稚舎上りの慶応生になんとなく感化される雰囲気があると予想されるので、愛校心や同窓意識が強まるものと思われる。

しかし、一貫教育が早稲田の伝統でないという雰囲気も、最近は様相を変換しつつある。王貞治、荒木大輔、斎藤佑樹という野球界のスターを生んだことで有名な早稲田実業高校は、早稲田の系列校化を進め、早稲田実業初等部も最近創設された。また、早稲田高等学院も中高一貫校を平成二二年(二〇一〇)に設立することを発表するなど、慶応のような小学校から大学までの一貫教育を進める方向に進んでいる。ちなみに、図表3―1(九五ページ)で示されたように、早稲田実業初等部の競争率は一一・三倍の高さであり、慶応幼稚舎につぐ人気である。早慶の人気は小学校のレベルまで達しているのである。

ところで、慶応の幼稚舎は明治以来の歴史を誇っているが、早稲田の小学校からの一貫教育の効果は数十年先にならないとわからない。なぜなら、現在の小学生が早稲田大学を卒業して社会の重鎮になるのは、それこそ数十年先だからである。

この早稲田の一貫教育の流れにも一つの危惧がある。それは小学校から大学までの一六年間を同じ学舎で学ぶことが、本当にその子どもにとって幸福なことなのか、もっとはっきり言えばその子どもにとってよいことなのか、という反省の気運が将来高まることもありうる。慶応におけるこの種の危惧については、すでに述べた。現在の日本の社会を念頭におけば、このような気運が高まる可能性は高くないかもしれないが、不確実性の高まっている世界であるから、今後数十年で何が起こるか想定するのは困難である。

マンモス化のメリット

つぎに早稲田の拡張路線を少し議論しておこう。早稲田大学のホームページを見ると、学部が一六、大学院の研究科が一三、独立ないし専門大学院が一一という、多くの数の部局からなっていることがわかる。早稲田大学の学生数は学部生だけで四万二〇〇〇人である。ライバルの慶応大学は学部生だけで二万八〇〇〇人であり、早稲田は慶応の約一・五倍の規模を誇っている。ちなみに、日本一大きい日本大学は六万六〇〇〇人、国立大の東大は一万四〇〇〇人である。国立大学のなかで学生数のもっとも多い大学は、最近になって大阪外国語大学を吸収・合併した大阪大学である。早稲田は日大ほどではないが、マンモス大学の一つとなっている。

これだけの規模の大学であれば、メリットとデメリットの双方がめだつようになってくる。これらのメリット・デメリットを私なりの見地から簡単にまとめておこう。

まずはメリットである。第一は、いろいろな意味で存在がめだつようになる。多くの教員・学生がいれば、それだけ社会で話題になる人材が多くなるということである。教員であれば、重要な発明・発見をしたり、社会に貢献するような仕事をすれば、「早稲田大学○○教授が大発見」などとメディアで報道される。これは教授の数が多ければ話題となる研究業績や社会的貢献を示す確率が高くなるので、メディアで報道される早稲田の教員の頻度は高まる。早稲田の名声を高めることは確実である。ただ、これはその大学にどれだけ研究能力の高い研究者がいるのかに依存するところが大なので、必ずしも教員の数が多いからといって有利とは限らない。少なくとも数が多ければ可能性が高まる程度と理解した方がよい。

学生の数の多さは、研究の分野に貢献することはないが、スポーツや文化活動で学生の名前がメディアに登場する可能性が高まる。例えばスポーツであれば、優秀な成績を残さねばならないが、早稲田の野球やラグビーは、大学スポーツ界のトップクラスであることがよく知られており、メディアへの露出度も自然と増加する。学生の数が多いと能力に優れた学生の入学する可能性が高まる。スポーツに関しては、早稲田は一芸入試と呼ばれる優秀選手の優先入学制度を採用しているが、私は個人的にややさびしさを感じている。この点、ライバルの慶応はこれまであからさまなスポーツ入試を採用していなかったが、近年、藤沢の総合政策、環境情報学部を中心にAO入試をはじめ、優秀なスポーツ選手が入学するようになったとされる。学生スポーツ界における慶応の「早稲田化」が進んでいくとすれば、正直残念な傾向である。

早大進学を表明する斎藤佑樹（共同通信社提供）

なぜ一芸入試と呼ばれるスポーツ優秀選手の優遇を好まないかと言えば、つぎのような理由による。大学は学問をする場であるが、スポーツだけをする学生は本務の学業をおろそかにする可能性があり、学力不十分のまま卒業することになる。もっとも、体育大学はもとから存在していたし、最近は一般の大学にスポーツ科学部なる新しい学部も創設されているので、スポーツも学問の一つとする思想が流布しており、私の意見は支持が少ないだろう。また、大学が経営戦略上、スポーツで名を上げる方策を進めており、少子化のなか大学の生き残り策としてやむをえない側面もある。

野球の「ハンカチ王子」こと斎藤佑樹投手が早稲田の名

（上）小宮山悟
（下）山下大輔

をさらに有名にしたことは事実である。

しかし、一昔前の高校・大学野球に郷愁を感じる私としては、文武両道で名高い県立秋田高校から早稲田に入学した石井浩郎《いしいひろお》（元近鉄など）、芝浦工大柏高校から二浪までして早稲田に入学した小宮山悟《こみやまさとる》投手（現ロッテ）などを自然と応援してきた。

ついでながら、同じく文武両道の高校から慶応に入学し、野球部で活躍した二人の名前を挙げておこう。一人は、県立湘南高校時代に甲子園の全国高校野球大会で優勝し、慶応の内野手として活躍後、弱い高橋ユニオンズに入った佐々木信也《ささきしんや》である。もう一人は県立清水東高校から、慶応で名内野手として鳴らし、プロ野球の大洋でも活躍した山下大輔《やましただいすけ》である。二人とも「慶応ボーイ」を象徴する人気者であった。一方で野球の名門作新学院高校から慶応をめざすも失敗し、法政大で活躍して、巨人に入団した、怪物・江川卓《えがわすぐる》投手なども懐かしい。こういう文武両道の話題は私の好みとするところである。学生野球はあくまでも学問と併立したうえでなされるほうが、多くのファンを集めるのではないかと思うが、このような私の意見は現代ではおそらく少数派であろう。

マンモス大学であることの第二のメリットは、卒業生が有名人になったり、あるいは企業や組織で成功してトップに昇りつめる絶対数が多くなるということである。候補者の数が多ければ、そのなかから成功して有名になる人の数が多くなる。政治家、文人、経営者などの世界で、一流として活躍する早稲田卒業生の数が多くなっていることで、早稲田の名を高めているのは確実である。

社長輩出率では一〇位

ただ、経営者について、一つだけ留保を述べておきたい。

早稲田の卒業生は慶応と比較すれば、ビジネスの分野に進む人の比率が少ないので、経営者になれる数はそう多くないが、それでも経済人として成功する人の数は増加している。早稲田の第一五代総長である白井克彦は、『プレジデント』誌で早稲田卒業生は企業トップへの昇進において現在では慶応にやや差をつけられていることを認めつつも、将来

順位	大学	指数
1位	東京大	3.89
2位	一橋大	3.69
3位	慶應義塾大	2.72
4位	京都大	2.43
5位	小樽商大	2.23
6位	大阪大	1.58
7位	東京工大	1.53
8位	九州大	1.32
9位	滋賀大	1.31
10位	早稲田大	1.28

注：上場企業における現在の代表取締役の数が、在籍した時点での学生数を分母にして、100人あたりどれだけの比率であるかを、出世力としている。

図表4－7　出世力(社長輩出力)指数
(『週刊ダイヤモンド』2006年9月23日号より)

は拮抗すると豪語している（「東大、慶大は敵にあらず！　世界に目を向けろ」）。

白井総長の現状認識にはやや甘い点がある。たしかに図表1－4（四二ページ）によれば、早稲田卒業生の上場企業社長数は、第三位である。早稲田生の優秀さをもちろん否定するわけではないが、卒業生の数の多さも影響していることは否めない。絶対数としての卒業生の数が多ければ、成功者の絶対数自体が多くなるからである。

しかし、相対比率、あるいは輩出率で見ると早稲田は第一〇位に転落する。図表4－7は各大学の当時の学生（すなわち二〇～三〇年前の学生）の数を分母として、分子に現在上場企業の代表取締役になっている数をもってきて、社長輩出率を示したものである。この表は分母に現在の就職者の数ではなく、現在社長になってよい年齢に達している人の、大学卒業時の在籍生数をとっているので、輩出率としてより正確な数字を提示している。もっとも正確な方法としては実業界、特に上場企業に就職した卒業生の数を分母にもってくるのがよいが、これを探すのは困難なので、当時の卒業生全体の数で代替するしかない。

この表によると早稲田の地位はまだ低く、ライバル慶応に相当差をつけられているし、東大や一橋の優位はまだ健在である。上場企業の社長になっている人の絶対数で評価すれば、早稲田は第三位となるが、これを当時の卒業生の数で調整すると、第一〇位となり、成功の確率がきわめて高いとは言えないのである。

ついでながら私的な話になって大変恐縮であるが、私の母校である小樽商大の第五位の健闘を述べさせていただきたい。当時の卒業生の数がわずかに一七〇名のミニチュア国立大学である。絶対数での評価であればこのようなランキングには決して登場しないが、卒業生の数を考慮した相対的な輩出率のおかげで、上位校として登場した。第九位の滋賀大も前身の彦根高商の流れをくむ伝統の小規模校である。

話題を早稲田に戻すと、白井総長の予想されるように、早稲田の経済界での地位は将来より高まるだろう。その理由の一つとして、偏差値で示されるように、最近の早稲田に入学する学生の学力はかなり高くなっているので、実力のある卒業生が生まれる可能性が挙げられる。二つはビジネスや金融などの分野での大学院教育に早稲田は力を入れているので、これらの卒業生が企業経営で活躍する可能性が高いと予想できる。

規模の大きいことの第三のメリットは、学生の数が多ければ多種多様の学生が入学してくる。新しいことをやろうとする人、既成概念にとらわれない進取の気性に富んだ人もふくまれるので、世のなかを驚かせるような人の出現もありうる。これがまた早稲田の名を高める可能性がある。これに加えていわば異質性の高い人の集まりとなるので、学生同士が互いに刺激を受けることになり、その効果も期待できる。

マンモス大学の弊害

逆にマンモス大学でのデメリットも指摘されうる。

第一に、学生数の多い大教室での講義が多ければ、キメの細かい教育は期待できないし、学生が学べることも多少の限界はある。ただし、これに関しては、早稲田関係者から、早稲田ではもともと講義に出席する学生の数が少ない、すなわち講義をサボるので、すでに少人数教育をやっているとの陰の声もあった。さらに、別の陰の声として、もともと早稲田は自由放任主義なので、上から教えるのではなく、自分で学ぶ雰囲気が強く、マスプロ教育を心配する必要はない、というのもあった。

早稲田の当局もこのマンモス化の弊害を気にしているようで、すでに掲げた奥島、白井両総長の著書によると、早稲田はたとえ大規模大学であってもよい教育をめざしていると述べている。例えば、学部の垣根を越えたオープン科目、特定のテーマを少人数ゼミで勉強するテーマカレッジ、インターネットを駆使したオンデマンド型教育、チュートリアルを中心にした英語教育、国際教養学部の創設、高度な職業人養成の大学院教育の拡充など、意欲ある教育への取り組みが紹介されている。これらの取り組みがどのように成功するのか、興味のもたれる点である。

第二に、これだけ大人数の学生であれば、先生との知的、あるいは私的交流の場も限定されてこよう。もっとも早稲田にはスポーツ、文化の分野のみならず、個々の学問分野においても学生のクラブ活動やサークル活動が非常に盛んなので、そうした場で学生は学問を独自に学ぶし、学生同士の交流の場もそこにある、という早稲田関係者の声がある。

おそらくこれがマスプロ教育の弊害をうまく補完しているのだろうと信じるが、一方で早稲田には中途退学者の数が多いこともよく知られている。すでに述べたように、早稲田には中退の有名人が多いので、この中途退学者の多いことは気にしなくてもよいかもしれない。ただ、地方から出てきて、東京という大都会のなかで、早稲田という大海原に投げ入れられてしまい、自分を見失う学生がいないことを祈っておこう。

第三に、あまりにも学生数が多いと、卒業生の数も多くなり、同窓意識が希薄になる可能性がある。早稲田の卒業生は日本に五〇万人前後いるとされており、これだけの多数であれば、母校愛も強くならないかもしれないし、卒業生の会合などにも関心がないのもやむをえないかもしれない。

この章では早稲田の同窓会組織である「稲門会」の結束力が、「慶応三田会」と比較してかなり薄弱であることをくりかえし述べてきたが、卒業生の数が多いこともその理由の一つとみなせる。同窓意識が弱いと大学への寄付金の集まりもよくないので、大学自身の発展にとってもマイナスとなる。アメリカの大学では卒業生による母校への寄付が大学の財政運営に大きく貢献しており、日本の大学においても寄付金が今後かなり重要となりそうなので、早稲田にとっては苦しいことかもしれない。

しかし、早稲田の同窓会組織が弱いことは、さほど気にする必要はないとも言える。むしろ卒業生の独立心の強さ、個性尊重、一匹狼などの特徴が早稲田出身者の活躍の源泉となっていた。もし早稲田の同窓会組織を強くしようとすれば、独立心や一匹狼の風潮を犠牲にせねばならないかもしれず、早稲田にとっては痛しかゆしの側面がある。

同窓生の寄付金といえば、大学が医学部をもっているかどうかが、寄付金の額を左右しているという現状がある。そうした点で、早稲田が医学部をもっていないことは不利になっている。国立の総合大学をみても、医学部の卒業生は他学部の卒業生よりもはるかに多額の寄付をしている。医者の高所得を反映していることと、医学部卒業生の同窓会での結束力が強いことによる。早稲田にとって医学部を創設することは歴史的な悲願と聞くので、どういう対策を大学がとるのか興味がもたれる。

以上、マンモス大学であることのメリットとデメリットをいくつか検討してみた。日本では少子高齢化が進行しており、学生数の減少が予想される。大学経営が苦しくなってお り、各大学は生き残り戦略をはかっている。そのうちの一つが、大学の吸収・合併政策である。ブランド力の高い大学との合併を望む大学の数は増加している。その代表例が慶應義塾大学と共立薬科大学の合併（二〇〇八年）である。薬学部を欲した慶応と慶応のブランド力を欲した共立薬大両校の思惑が一致したのである。今後、ブランド力を誇る早稲田大学との合併を望む大学が出てくる可能性はある。早稲田の経営方針にまで言及する気は毛頭ないが、早稲田がさらに拡大していこうとするのであれば、マンモス化によるデメリットを最小にすることは必要かもしれない。

第五章　大学の生きる道

本書の目的は早慶というブランド大学を考えることにあった。早慶両校は人気も高く、よほどのことがないかぎり、将来の心配はほとんどない。しかし、大学全体で考えてみれば、少子化が進行中で、今後も低出生率がつづくと予想されるなか、大学進学者数の減少はすでにはじまっており、今後、大学経営に困難の生じる可能性は高い。

特に学生からの授業料収入への依存度が高い私立大学への影響が大きい。私立大学はどのような道を歩めばいいのだろうか。本章では早慶をふくめた私立大学が主たる関心であるが、比較の視点から国公立大学についても考える。二〇〇四年に、国立大学は独立法人化されたが、さまざまな問題を抱えている。私学と国公立を比較したうえで、双方はどうあるべきか述べてみたい。

1　大学とは何か

大学の永遠のテーマ

私立大学を論じる前に、そもそも大学教育とは何の目的のためにあるのかを考えてみよう。日本の大学の現状がそれにうまく対応できているかどうかを、簡単に議論しておこう。大学には研究機関としての役割もあるので、その目的の一つはよい研究成果を生みだすことにある。しかし、同時に学生への教育もおこなっているので、よい教育も重要な目的となる。

じつは研究と教育の両立というのは、そう容易なことではなく、大学における永遠のテーマでもある。本節では主として教育を考えてみる。

大学教育の目的に関しては、専門家である金子元久が『大学の教育力』のなかで三つの目的を挙げているので、それに即して提示しておこう。

第一は、大学教育は特定の専門的な職業に就くための修業の過程にあるとみなす。医学部は医者を養成するためにあるし、薬学部も薬剤師の養成が第一の目的である。その他にも法学部は法律の専門家、工学部はエンジニアの養成という目的があるが、必ずしも法学部や工学部卒業生の全員がこのような狭い専門家になるわけではない。しかし、基本の目的は専門家の育成にあることはたしかである。

第二は、法学や工学のような専門教育を施すにしても、必ずしも全員がその分野の専門家になるわけではないことから派生することとして、専門知識を他の職業においても生かせることがあるし、知識や学問の基本的な考え方自体が個人生活に生きる分野がある。例えば文学部における文学教育などは、卒業生の多くは作家になるわけではなく、さまざまな職業に就いている。各種各様の特色を持った人びとの生き方、人間の思考の実態などを学んで、自分自身の生活への参考とする。あるいは、単に教養を高めるため、ということもありえよう。また物理学、化学、生物学においても、自然界の法則や原理を学んで、人間生活においてなんらかの参考になることを学ぶのである。文学部や理学部の卒業生は学んだことを、直接職業生活に就いて生かすのではなく、学問としてそれらを学び、自分の個人生活への糧とすることが多い。金子はこれを（学術）専門志向と呼んでいる。

第三は、大学教育は職業に就くための準備として存在するのではなく、成人（あるいは人間）として必要な一般的な知識を習得することにあるとみなす。広い視野をもった人間として育つことに期待し、教養人として成長するための大学教育である。例えば歴史学は、歴史の研究者や教師になる人をのぞいて直接職業に結びつかない。しかし、歴史を学ぶことで幅広い知識をもった教養人になれるし、歴史の法則を知ることは、人間社会を生きぬくうえで役に立つこともある。このように幅広い学識を学ぶことを、アメリカの学部教育では「リベラル・アーツ」と呼ぶことがあり、日本の大学でいえば、入学後の一年生と二年生が学ぶ「一般教養」を考えればよい。

以上の三つの目的をまとめれば、⑴職業準備、⑵学術専門、⑶教養、ということになる。

日本の大学の特色はどこにあるのだろうか。金子元久『大学の教育力』は日本の大学の特色として、つぎの三つを代表させている。第一に、教員のあいだに一般として学術専門志向が強い。第二に、大学教育において職業準備のための教育はかなりの程度配慮されていた。第三に、「リベラル・アーツ」の教育理念が希薄である。

私はこれらに加えて、つぎの三つを指摘したい。第四に、一発勝負の入学試験制度が入学者の決定に大きく関与してきた。第五に、国公立大学と私立大学が併存しているが、学生の圧倒的比率を私学が受け入れている。第六に、教員・学生ともに、大学間において質に関してかなりの格差がある。

大学改革への指針

これらの特色を踏まえて、大学改革への指針をそれぞれについて議論してみよう。

第一の、教員に学術専門への研究志向が強いという特色であるが、これだけ大学教員の数が増加している以上、すべての教員に質の高い研究成果を期待するのは無理である。研究資金の制約もあるので、研究成果の評価を公正におこなったうえで、実績のある有望な研究者に選択、集中させるという政策はやむをえない。逆に言えば、教育に特化する教員の増加も自然な流れとなる。

第二の職業準備の特色は、これからもっと充実させる必要がある。一八歳に達した同年齢層のうち、過半数の人が短大をふくめた大学に進学している「大衆高等教育社会」においては、学術専門になじめない学生が出現するのは、多くの人の認識するところであろう（「大衆教育社会」については苅谷『大衆教育社会のゆくえ』参照）。学術専門の修得になじまない学生のためにも、仕事に役立つための専門教育はますます重要となる。

第三の「リベラル・アーツ」が弱いという事実には、二つの対策がある。

一つの方策は、職業準備のために専門職大学院をより一般的なものにし、学部教育はアメリカのように、リベラル・アーツ中心とすることである。二つ目の方策は、ある程度リベラル・アーツの教育を犠牲にして、学部で職業準備を完結させることである。この方策はヨーロッパの大学が採用してきたものであるが、ヨーロッパにおいてもアメリカの影響を受けて、徐々に専門教育は大学院へ、リベラル・アーツは学部でという方向にシフトしつつある。第一の方策をとるのか、第二の方策をとるのかの選択は、個々の大学のおかれた環境と状況に応じて決められるべきである。

第四の一発勝負の入学試験については、その弊害も認識されてきたので、さまざまな入試制度の改革が進行中であり、このこと自体は歓迎すべきことである。しかし、少子化現象による入学者数の減少を防ぐため、学生数確保の目的ということで、入試制度を安易に変更したり、入学をやさしくする大学も散見されるが、これは好ましいことではない。第五の圧倒的比率の学生を私立大学が担っていることについては、後に独立して議論する。第六の大学間格差も第五のことと関係するので、そこで同時に議論する。

2　大学の財政

学生の納付金に依存する私立大学

日本の大学の財政がどのような状況なのか、簡単に調べておこう。本節の目的は、日本の大学の財務分析をすることではなく、細かい点は無視して、収入がどこから来て支出はどこに向かっているかを、ごく簡単に調べることにある。特に、私立大学と国立大学の違いを、財政の見地からみてみたい。

図表5―1は日本の代表的私立大学と国立大学とみなせる、慶応大学、早稲田大学、同志社大学、東京大学、大阪大学の五大学の収支を示したものである。各大学のホームページから抽出したものなので、収入源や支出の項目はそれぞれの大学が独自の様式で発表したものであり、正確な比較は不可能であるし、危険ですらある。しかし、収入源と支出先

慶應義塾大学　平成 18 年度決算概要　（単位：百万円）

支出			収入		
項目	金額	構成率	項目	金額	構成率
人件費	63,249	52.1%	学生生徒等納付金	44,141	34.1%
教育研究経費	53,119	43.8%	手数料	2,390	1.8%
管理経費	3,990	3.3%	寄付金	10,463	8.1%
借入金等利息	202	0.2%	補助金	12,347	9.5%
資産処分差額	753	0.6%	資産運用収入	6,821	5.3%
徴収不能引当金繰入額	13	0.0%	資産売却差額	180	0.1%
予備費	0	0.0%	事業収入	8,009	6.2%
消費支出の部合計	121,327		医療収入	42,008	32.4%
			雑収入	3,240	2.5%
			帰属収入合計	129,600	
			基本金組入額合計	−11,490	
			消費収入の部合計	118,110	

早稲田大学　平成 19 年度　消費収支計算書　（単位：百万円）

支出			収入		
項目	金額	構成率	項目	金額	構成率
人件費	44,544	49.4%	学生生徒等納付金	62,952	60.4%
教育研究経費	40,293	44.7%	手数料	4,931	4.7%
管理経費	4,810	5.3%	寄付金	6,634	6.4%
借入金等利息	268	0.3%	補助金	14,711	14.1%
資産処分差額	167	0.2%	資産運用収入	4,514	4.3%
徴収不能引当金繰入額	56	0.1%	事業収入	7,745	7.4%
徴収不能額	20	0.0%	雑収入	2,808	2.7%
消費支出の部合計	90,159		帰属収入合計	104,294	
			基本金組入額合計	−18,470	
			消費収入の部合計	85,824	

＊ 2007 年 4 月 1 日～2008 年 3 月 31 日

同志社大学　平成 19 年度　法人総合消費収支計算書　（単位：百万円）

支出			収入		
項目	金額	構成率	項目	金額	構成率
人件費	26,128	58.2%	学生生徒等納付金	39,856	76.5%
教育研究経費	16,498	36.8%	手数料	2,242	4.3%
管理経費	1,969	4.4%	寄付金	957	1.8%
借入金等利息	120	0.3%	補助金	6,270	12.0%
資産処分差額	108	0.2%	資産運用収入	638	1.2%
徴収不能引当金繰入額	52	0.1%	資産売却差額	353	0.7%
予備費	0	0.0%	事業収入	742	1.4%
消費支出の部合計	44,885		雑収入	1,028	2.0%
			帰属収入合計	52,086	
			基本金組入額合計	−6,196	
			消費収入の部合計	45,890	

＊ 2007 年 4 月 1 日～2008 年 3 月 31 日

東京大学　平成18年度損益計算書　　(単位：百万円)

支出			収入		
項目	金額	構成率	項目	金額	構成率
業務費	174,145	95.5%	運営費交付金収益	84,867	46.0%
教育経費	8,952	4.9%	学生納付金収益	16,748	9.1%
研究経費	25,157	13.8%	附属病院収益	31,810	17.2%
診療経費	24,544	13.5%	受託研究等収益	26,909	14.6%
教育研究支援経費	3,132	1.7%	研究関連収入	3,320	1.8%
受託研究費	29,186	16.0%	受託事業等収益	607	0.3%
受託事業費	693	0.4%	寄附金収益	6,948	3.8%
人件費	82,477	45.2%	施設費収益	395	0.2%
一般管理費	5,672	3.1%	補助金等収益	426	0.2%
財務費用	2,349	1.3%	財務収益	282	0.2%
雑損	158	0.1%	雑益	2,485	1.3%
経常費用合計	182,326		資産見返負債戻入	9,844	5.3%
			経常収益合計	184,647	

＊ 2006年4月1日～2007年3月31日

大阪大学　平成18年度損益計算書　　(単位：百万円)

支出			収入		
項目	金額	構成率	項目	金額	構成率
業務費	102,035	95.8%	運営費交付金収益	48,144	43.3%
教育経費	3,745	3.5%	学生納付金収益	11,576	10.4%
研究経費	16,660	15.6%	附属病院収益	24,165	21.8%
診療経費	15,458	14.5%	受託研究等収益	11,882	10.7%
教育研究支援経費	2,812	2.6%	受託事業等収益	434	0.4%
受託研究費	11,517	10.8%	寄附金収益	4,111	3.7%
受託事業費	434	0.4%	施設費収益	444	0.4%
人件費	51,407	48.2%	補助金等収益	681	0.6%
一般管理費	2,352	2.2%	財務収益	83	0.1%
財務費用	2,171	2.0%	雑益	1,988	1.8%
雑損	3	0.0%	資産見返負債戻入	7,574	6.8%
経常費用合計	106,562		経常収益合計	111,090	

＊ 2006年4月1日～2007年3月31日

図表5—1　大学別収支比較

(各大学ホームページより)

はどこであるか、大まかな比較は可能であるし、本書での目的からすればこの比較で十分である。

まず収入について比較してみよう。国立大学においてもっとも大きな比率は、運営費交付金と呼ばれる国からの収入であり、五〇パーセント弱を占めている。国立大学法人なので、国からの財政支出に大きく依存しているのである。たまたま東大も阪大も大学病院をもっているので、医療収入（附属病院収益）が二〇パーセント前後を占めており、かなり高い比率である。学生からの納付金（授業料や入学金など）は一〇パーセント前後で、かなり低い。外部からの競争研究資金を受け入れる受託研究費は、東大は約一五パーセント、阪大は約一一パーセントを占めており、無視できない高さである。両大学ともに理科系の研究水準が高いので、外部研究資金の導入に成功しているのである。

私立大学に関しては、もっとも高い比率は学生からの納付金であり、同志社では八〇パーセント弱、早稲田は六〇パーセント、慶応では三四パーセントとなっている。早稲田・同志社と慶応で学生の納付金の比率に大差があるのは、慶応には大学病院があり、医療収入が三二・四パーセントを占めているためである。これを差し引くと早稲田・同志社とそれほど変わらない学生納付金の比率になる。私立に関しては、国や地方公共団体からの私学補助金があり、これが六パーセントから一〇パーセントを超えた比率の収入源になっている。なお私立大学に関する外部研究資金は別掲扱いなので、この表では示されていない。つぎの関心は寄付金収入であるが、慶応はこれが八パーセント、早稲田が六パーセント強を占めており、同志社よりかなり高い。さすが早慶と思わせる卒業生や外部からの寄付金の比率の高さである。特に慶応の高さは注目に値する。

慶応は創立一五〇年を記念して、二〇〇五年から二〇一〇年にかけて総額二五〇億円を目標にして、大々的な基金募集事業をおこなっている。二五〇億円という額の高さに驚いてしまうが、慶応だからこそ、このような大きな目標額を設定できると思われる。豊かな大学はますます豊かになる可能性がある。

慶応は私立大学のなかでは比較的授業料が安い大学として有名である。しかも近い将来に入学金の徴収をやめると宣言しているほどである。なぜ学費が低くてもやっていけるのかと言えば、卒業生からの寄付金の多いことが一つの理由となっている。アメリカの大学は卒業生からの寄付金に依存している程度が高いので、日本の大学の経営政策を考えるうえで、慶応は一つの指針となっている。

つぎはどのような項目に支出されているかに関しては、私学と国立とで、それほどの差はない。人件費はどの大学も五〇パーセント前後に達している。教育・研究費がそれにつづく。大学は教育と研究が主たる仕事なので、比率が高いのは当然であるが、大学によって多少の差はある。

細かい点を無視して、収入と支出に関して私学と国立の差をまとめれば、つぎのようになろう。私立大学では収入の大半を学生からの納付金に依存しており、国立大学ではその比率はかなり低い。私学と国立のあいだの納入学費の違いを反映している。それを補うために、国立では国からの交付金が多くなっている。逆に私立では私学補助金があるが、それほど高くはない。ただ、一昔前と比較すると、私学補助金の役割は高まっている。支出に関しては、大学によって人件費、教育費、研究費の比率は異なるが、人件費がもっとも高くなっている。大学が教育・研究というサービス産業の担い手である以上、教員や研究者への人件費が高くなるのは自然である。

私学の不満

このような差が私学と国立にあれば、私学側から、国立大学とは同等の競争状況にない、という不満の声があっても不思議ではない。私学の授業料は国立の授業料よりも、一・五倍、大学によっては三倍ほど高いのに、教師と学生の比率で比較すれば国立の学生の方が私学の学生よりも恵まれていることになる（一一八〜一二〇ページ参照）。理科系はもっと差がある。やや極論すれば、私学の学生は高い授業料を払いながら、教育サービスの質は国立よりも劣るのは不公平ではないかという主張には根拠がある。

この点をどう考えればよいのか、いくつかの論点を指摘しておこう。第一に、第一章でも述べたが、私学と国公立の学費の差は、一九七〇年頃であれば私学は国公立の約七倍の高さだった。この差はあまりに不公平だという声が強まり、そして私学の経営が苦しくなったので、私学補助金制度が導入され、その差は縮小したのである。

第二に、それと関係することでもあるが、私学の地位の向上を指摘しておこう。入試科目数の差、国立一期校・二期校の廃止、東京集中化などの現象が手伝って、第一章で示したように早慶両校の地位が非常に高まった。早慶以外の私学でも人気が高くなっており、地方の国公立大の人気が逆に低下した。

第三は、アメリカの私立大学と州立大学の例が、一つの視点を提供している。アメリカには国立大学はないので、公的な大学として、州民の税金を財源にして運営されている州立大学を取り上げる。私立と州立の学費を比較すれば、やはり私立が州立よりかなり高い。しかし、日本と異なる点は私立の方が総じて少人数教育であり、逆に州立には大規模大学が多く、教員・学生数の比率でみれば私立の方が質のよい教育をおこなっている。現にアメリカの一流大学の多くは私立大学である。ただし、一部の州立大学の質は高い。日本は私立の学費が高いが、教育の質は教員・学生比率でみれば私立の方が不利な状況にあり、日米で逆の関係になる。アメリカの私立では学費が州立よりもかなり高いので、このような少人数教育が実施できるのである。

ついでながら、ヨーロッパの大学はほとんどが国立である。したがって、学生の学費負担額は非常に低い。大学が国家によってつくられた歴史があり、また大学生の数がかなり少ないので、税金の投入だけで大学運営が可能なのである。ヨーロッパの大学には、まだエリート教育の名残りがある。

第四に、日本の私立大学は学費が高いにもかかわらず、マンモス教育であるケースが多くある。しかしそれでも進学希望者が多いのには二つの理由がある。

一つは、日本の私立大学にあっては、早慶を頂点とする有名校とそうでない大学とのあいだの格差が、かなり大きいことを認識しておく必要がある。入試の難しい私立大学と志望者をほぼ全員入学させている私立大学では、学生の質がかなり異なることは容易に理解できよう。名門の私立大学、特に本書の対象である早慶両校にあっては、この両校を卒業することに価値があると考えられている。だから、たとえマンモス大学であってもそのことはさほど問題にならない。換言すれば、どういう教育内容を受けるかという質の問題にあまり関心がない。誇張すれば卒業証書だけに関心がある。学費を払うだけの経済力があれば、これらを第一志望とする。

進学希望者の多い理由の第二は、有名な国立大学を志望したが、入試に失敗して私学に行かざるをえなかったか、それとも三教科だけで受験できる私学を最初から第一志望にしていたことがあげられるだろう。

学歴主義の証

日本の大学生は一部の理科系をのぞいてあまり勉強しない。これは別に名門私立大学だけに当てはまるのではなく、ほとんどの大学の学生について当てはまる。入試の突破が目標であって、入学すると勉強に励まなくなる姿は、日本が学歴主義であることの証拠ともいえる。企業が学生を採用する際、学生がどれだけ大学で勉強に励んだかにさほど関心を示さず、学生の在籍大学名や体育クラブなどでどれだけ活躍したかにこだわる姿勢が影響している。

一つの象徴例として、京大のアメリカン・フットボール部が強かりし頃、企業が京大のアメフト部員を無試験で入社させたとのうわさがあった。入試の困難な大学に入学したのだからある程度の学力があるとみなせるし、入試突破に向けて努力をしたのであるから、入社後もふたたび頑張るだろうと予想できるからである。しかも、体育会系なので体力はあるし、組織に順応する志向もあるので、企業組織のなかでうまくやっていけるだろう、と期待できるからである。

学生の方も企業が大学での学業成績などを重視しないことをよく知っていたので、大学入学後は勉学に励まず、「レジャーランド」と揶揄《やゆ》されるほどになったのである。このようになったのは大学側と教員側にも責任がある。単位の修得を厳しい制度にしなかったし、教員の方も教育にさほどの関心を示さなかったので、学生を魅了する講義をする努力に欠けていた。大学の卒業証書だけが求められていることに加えて、企業、大学、教員、学生の四者による共同責任がこのような事態を招いたのである。

勉学しない大学生と述べたが、一部の学生は熱心に学業に励んでいることを書いておく必要がある。実験・実習をともなう理工学部、医学や法学のように資格試験を控えた学生などは、文科系で企業への就職をめざす学生よりも勉学に励んでいる。企業が、大学時代にどれだけ勉強したかを選考の基準の一つにするようなことがあれば、学生はもう少し勉学に励むと予想できる。

教育の機会均等

教育の機会均等を社会における重要な原理とみなすなら、私学と国公立大学のあいだに学費の差が大きくあることは許されない。なぜなら、所得の低い家庭に育った人は学費の高い私立大学に進学するのが容易ではないので、入学の機会を排除されていると理解できるからである。例えば、私学の名門である早慶両大学への入学を希望する学生が、経済的な理由によって排除されておれば、教育の機会均等が阻害されているとみなすことができる。

しかし、日本の大学教育制度はうまく機能するように考えられていて、経済的な理由で早慶への入学をためらう学生にも、学費の安い国公立大学への入学の機会は開かれている。早慶と同レベルの国公立大学はいくつかあるので、それらの大学への入学試験を合格すれば入学できる。少なくとも国公立の入学試験は公正におこなわれているので、あとは努力次第である。これは教育の機会均等がある程度確保されているとみなせる。日本の大学での入試、あるいは大学の附属高等学校などの入学試験は、教育の機会均等を保障するための重要な制度として存在しているのである。

社会の矛盾という声

しかし、一つの論点が残る。それは入学試験という公平な選抜の制度で、国公立大学に入学することはよいとしても、裕福な家庭に育った子弟が、私学と比較すれば安い学費で国公立に入学してよいのか、という点である。文科系の諸学部であれば、国公立五十数万円、私立一〇〇〇万円前後の授業料と、せいぜい二倍程度の差なので、ここで述べた論点はさほど深刻ではない。しかし、私立の医学部であれば、授業料が五〇〇〇万円前後から一〇〇〇万円に達するところもある。国公立大学の医学部に進学する学生の授業料は、五〇万円強だから、こんなに安くてよいのか、という意見はありえよう。

これに対しては、公正な国公立大学の入学試験にパスしたのだから、何も問題ないとする回答はありうる。高い授業料の私立の医学部に入学したくないのであれば、国公立の医学部の入試をめざせばよい、という意地の悪い回答すらあるかもしれない。

もう一つややこしいことを加えれば、現在国公立大学の医学部の入学試験は激烈になっており、学力がかなり高くないと合格しない。ところで、現在の日本では、私学の中高一貫校に代表されるように、親の経済力が裕福なほど大学入試に成功する確率が高くなっている。すなわち極論すれば、親が経済的に豊かな家庭（そのうちかなりの比率は医者の家庭）の子弟ほど、学費の安い国公立の医学部に入学できるようになっている。これは社会の矛盾ではないか、と考える人がいても不思議ではない。

私学と国公立のあいだで学費の差が非常に大きい医学部の例はやや特殊である。医学部での教育にはお金がかかるのが主たる原因である。一説によると一人の医者を生むのに七〇〇〇万円から一億円かかるとも言われる。国公立の学費が安いのは、国がお金のかかる医学部に、巨額の税金を投入しているからである。なぜ投入するかと言えば、医者という職業は不可欠という社会の合意があるので、国の責任において医学部教育に公的資金を投入するのである。

そうであるならば医学部は全部国公立大学にして、公費で運営すればよいのではないかと思われるかもしれない。しかし、教育の世界においては独立の建学精神をもった私学の存在も容認されており、私学が独自の方針で学校経営にあたっているのである。医学部教育にはお金がかかり、私学の医学部には私学補助金というかたちで税金による資金がかなりの額、投入されてはいるが、ほとんどの費用を自前で負担せねばならず、学生の払う学費がとても高くなる。なぜ高い学費であっても私立の医学部に入学してくるかといえば、医者という仕事が尊いことに加えて、卒業後に医者が得る所得のかなり高いことが挙げられる。将来、高い学費の支払いを上回る高所得を得られることがわかっているからである（医者の高所得、特に開業医については、例えば橘木・森『日本のお金持ち研究』参照）。

以上、医学教育を例にしたが、特殊な例とはいえ教育の本質を理解しやすいので取り上げてみた。ここで述べた医学部教育の例は、教育を語るときに論点がどこにあるかを知るうえで、有用な情報を提供しているのである。

3　私学の生きる道

大学教育のキーワード

医学部教育を例にすることによって、大学教育を考える際に考慮すべきキーワードがいくつか浮かぶ。すなわち、①建学精神、学校の特色、教育内容、②在学中の学費、③卒業後の就職や所得、④公共性、⑤入学の難易度、⑥本人の能力と努力、⑦学歴社会のゆくえ、などである。この順番にしたがって、やや詳しく議論したうえで、大学、特に私学の進む道を考えてみよう。

創設者を知らない学生

まず①の建学精神、学校の特色、教育内容である。私学を語るうえで、建学精神のもつ意義は大きい。私学の雄である慶応と早稲田の建学精神については、第二章で創立者の福沢諭吉と大隈重信の経歴とともに論じてみた。創立者の個性なり思想が建学精神に強く反映していること、学校の特色や教育内容にもそれが色濃く生かされていることを示した。

また、卒業生がどの分野で活躍したかということにも、早慶の建学精神や教育方針が生きていることがわかった。

日本の大学は国公立大学よりも私立大学の数の方がはるかに多い。しかも過半数を優に超える大学生が私立大学で学んでいるので、日本の大学教育は私学に負っているといっても過言ではない。それぞれの私学に、創立者の建学精神が反映されていて意義深いので、それを少し述べておこう。ついでながら、国公立大学の創立は国や地方公共団体によってなされるので、創設者による個性が反映することはさほどない。代表的な国立大学である東京大学でも、たとえ森有礼という個性の強い大臣がいても、創設は文部省によるので、彼の信条なり思想は福沢諭吉や大隈重信ほど前面に出ていない。せいぜい国にとって有為なエリートを育成するという森有礼の考え方を反映した程度で、細々《こまごま》とした教育の目標はない。明治期、いくつかの帝国大学が創設されたが、いずれも社会に有為な人材を提供するといった程度の建学精神である。国民の税金を主たる財源として大学が創設・運営されるのであるから、むしろ好ましいことである。

私学の建学精神が大切なのはたしかだが、現代の早慶の入学者のなかに、福沢諭吉や大隈重信のことをほとんど知らない学生がいると聞く。建学精神よりも名門校であること、偏差値の高さ、卒業後の人生が有利、といった現実的な動機にもとづいて早慶をめざしているのである。これらの動機は決して不純ではないが、福沢や大隈の建学精神とその後の人びとの努力によって、名門校になったことは肝に銘じておくべきであろう。

同志社の建学精神

このように理解すれば、私学における創立者の建学精神は、強烈にその学校の教育方針に反映してもよいこととなる。早慶についで建学者の影響の大きかったのが、新島襄によって設立された同志社である。福沢・大隈よりやや知名度は落ちるが、三大私学創立者と呼ばれることもあるし、筆者の奉職先でもあるので新島襄の同志社について一言述べておこう。

福沢諭吉や大隈重信のように国内で地位を固めたのと異なり、新島は若い頃に安中《あんなか》藩（今の群馬県）を脱藩して、単身ひそかに国の法律を破ってアメリカに留学した経験をもつ。アーモスト大学やアンドーヴァー神学校で学ぶとともに、キリスト教信者となったユニークな人である。帰国後は政府の役人にならないかという誘いもあったが、新島は教育者として生きる道を選んだ。欧米社会の文明を見聞した結果、日本が文明国になるには国民に教育を施す必要があるという、新島の信念から生じたものであった。同じく海外留学組であった森有礼が、政府の高官として文部行政にあたったことと対比できる。

明治八年（一八七五）に京都で同志社英学校を、京都府顧問であった山本覚馬《かくま》と宣教師デービスの三人で設立した。これが同志社大学の前身にあたる。同志社も日本の大学のなかでは古い歴史を有する。同志社のめざすところは、たしかにキリスト教の精神に立脚しているが、それを普及させるための手段として学校をつくるのではないとしていた。ただし、新島はキリスト教の精神が、青年に良心と品行とを磨くうえで役立つと考えたのであり、キリスト教主義が同志社の徳育の基本であることは否定しなかった。

同志社の建学精神を一言でまとめるなら、単に学問に長じることだけでなく、すなわち智育を教えるだけでなく、人の徳性、品格、精神を高めるような徳育を教えることも重要と考えたことにある。いかに学問や技術に優れた人物に育て上げられたとしても、人間としての品性や良心に欠けるのであれば、それは同志社の教育が期待するところではない、というのが新島の教育哲学であった。

日本国を発展させるために有為なエリートを育てる目的で設立された国策の東京大学や、独立心や実学を尊重して社会で役立つ人の育成を目的としながら、どことなく反東大の色彩を帯びた早慶両校とは異なる、同志社の建学精神を垣間見ることができる。智育、実学だけではなく、徳育をも重要な教育の柱とした点に最大の特色がある。利己的な人間を排し、良心的な人間を育てるという新島の教育方針が、今日の同志社においても生きていることを、日頃感じるところである。

新島は大学の設立にも意欲を持ったが、資金難や本人の死去によってそれが果たせなかった。同志社の専門学校が大学に昇格するのは、かなり後の一九一二年である。その際に、東京の大隈重信や井上馨が多額の寄付をしたことは特筆されてよい。

宗教と私学

新島襄の同志社の例で示されるように、日本の私学には宗教と結びついて設立された学校が多いことに、一つの特色がある。青山学院、立教、上智、明治学院、東京女子、聖心、関西学院、南山などのように、キリスト教系の私学が多数ある。一方、仏教系の私学も、立正、大正、佛教、龍谷、四天王寺などのように多くある。神道においても皇學館がある。創価学会など新興の仏教派からも、独立の私学が創設されている。宗教の教えに立脚して私学を創設してきたというのは、日本の学校教育における大きな特色であると言ってよい。

宗教法人の私学が日本に多い大きな理由として、憲法によって信教の自由、公の財産の支出制限が保障され、さらに公金による私学補助制度に合意のあることが挙げられるが、それ以外の理由についても三点ほど述べておこう。

第一に、キリスト教の学校は時にはミッション・スクールと呼ばれることがあるように、キリスト教の伝道、布教を目的として、学校の創設によって生徒や学生を集め、目的を達成しようとした。仏教系などにおいても、入学してくる学生に仏教の教えを教授する機会をもうけ、できるだけ信者の数を増やしたいという希望があった。

第二に、西洋に追いつけ追い越せという風潮のなかで、西洋文明の流れにあるキリスト教の学校に入学したいという希望が、日本人の心のなかにあった。西洋への憧れがキリスト教系の学校への入学につながった、と言ってもよい。キリスト教系の学校は人気が高かったのである。

第三に、ある宗教の信者である父母が、自分の子どもをその宗教を旨とする学校に送り込むことがある。子どもはまだ自分の信じる宗教を決めていないが、その学校で学ぶことで、できれば同じ信者になってほしいと親が希望する場合がある。もとより、子どもが親と同じ信者になっていて、自分から進んでその学校に入学することもある。

大学教育の発想の転換を

宗教系の私立学校の話はこの程度にして、つぎは学校の特色や教育内容について言及しておこう。日本の私立大学の特色は、千差万別である。国公立の学校であれば、ほとんどの財源を税金に依存しているし、文部科学省の指揮・監督下にあるので、極端な特色はもちえない。それに対し、私立大学はある程度文科省の規制を受けているとはいえ、国公立よりも自由度が高く各大学の特色が強く出てくる。それがまた学生にとって魅力となる。学問水準の高さを売りにする学校もあれば、就職に役立つ実技を徹底的に教育する学校もある。スポーツに強い学校もあれば、音楽・美術といった芸術に特化した学校もあるし、良家の子女を集めて育ちの良さを売りにする学校もある。一昔前であれば、良妻賢母の女性に育てることを売りにする女子大学もあった。

少子化によって大学進学人口が減少しているので、各大学は学生数を確保するのに躍起になっている。一部の有名な国立・私立の大学をのぞいて、学生の奪い合いが深刻さを増している折、大学の特色をもっと前面に押し出すことが必要な時代になっている。これは国公立、私立を問わない。

このことに関して言えば、私は就職に役立つ技能を徹底的に教育することが、もっとも優先度の高い特色になりうるのではないか、と考える。学問水準の高い大学であれば、就職においても強いだろうから、学問水準の高さをアピールすることで、学生を集められるだろう。しかし、一八歳人口の約半数が大学・短大に進学する時代、必ずしも能力や学力の高くない学生が高等教育を受けるようになっていることを直視する必要がある。

戦前のように能力の高いごく一部の学生だけが大学に進学していた時代と、現代のように大学が大衆化した時代にあっては、大学教育の発想を大きく変更せねばならない。旧来の学問中心の大学ではなく、社会人になった際に役立つ技能の徹底的習得を第一義とする大学の数はもっと増加してよい。

学費差という弁解は通じない

つづいて②在学中の学費である。本章の第2節において、日本の私立大学と国立大学がどのように運営資金を調達し、どのような分野に支出してきたかを明らかにした。くりかえすことは避けるが、本節では一つだけ重要なことを述べておきたい。それは学生の支払う学費に関して、一昔前では私学と国公立の学費差は非常に大きかったが、現在はその格差がかなり縮小しているということである。

図表1―2（二二ページ）は、戦後から現在までの初年度の納付金を示したものである。第一章でも述べたが、授業料に関しては、一九六〇年代において私学は国立の約六〜七倍の授業料を払っていた。しかし、その後国立大学の授業料がかなり増額されたことと、政府による私学補助金の導入、増額によって私学の財政危機が解消されたことにより、学費差は一九八〇年代には二倍前後にまで縮小し、二一世紀に入るとそれが約一・六倍にまで縮小した。このことが、私学にとって学生を集めるのに大きな魅力となったことは確実であるし、早慶両大学がその魅力を最大に享受したことはすでに強調した。他の私立大学も

早慶に見習って、自分の大学を学生にとって魅力のある大学にすることができた。

一方、国立大学も独立法人化により、国からの財政支援の額が減少しており、今後、学費が値上げされることもありうる。一昔前であれば国公立と比較して学費が高かったことが私学にとってはマイナスであったが、現在では、私学の学費は国公立と比較してまだ絶対額は高いものの、相対比でみればその差は縮まっている。学費差という理由によって、最初から私学はハンディを背負っているという弁解は通じなくなっている。逆の見方をすれば、国公立も学費が安いという魅力だけで、学生をひきつけられる時代ではない。それぞれの国公立大学もいままで以上に、学生を魅了する教育制度に変わらねばならない時代となっている。私学も国公立も、自校の教育の質でもって学生を獲得せねばならないのである。

マンモス化路線と一線を画す大学

つづいて③卒業後の就職や所得である。私立大学はどうすれば早慶の両大学のようになれるのであろうか。この回答は容易ではない。早慶は歴史の古い大学であるし、戦前から著名人を多く輩出してきたので、知名度はすでに抜群に高かった。本書で述べたように、一九七九年前後に、国公立との学費差の縮小、共通一次試験の導入と一期校・二期校の区別廃止、東京集中化現象、などの要因が重なって、ますます早慶の地位は高まった。伝統があり、しかも知名度も高く、卒業生もある程度社会で重要な地位を占めている大学、例えばMARCH（明治、青山、立教、中央、法政）と呼ばれる大学や、関関同立（関西学院、関西、同志社、立命館）の諸大学は、一層努力することで、早慶の地位に到達可能である。むしろどの大学がその域に達するかが興味の的かもしれない。

例えば立命館大学は早稲田大学と似た方向に進んでいる。学部の数を増加させ、日本各地の私立高校を立命館の系列校や提携校化して、「立命館モデル」とまで称されるほどのマンモス化を図っている。早稲田がそうした路線を歩んでいることはすでに述べたが、この立命館・早稲田路線は両刃《もろは》の剣《つるぎ》であることも事実である。

このような大量の囲い込み作戦は、質の異なる学生を多く抱えることになるし、マスプロ教育はどうしても行き届かない面も出てくるので、将来良質でない学生を世に送り出すことになりかねない。そうした卒業生が世のなかでめだちはじめると、大学の名を傷つけることもありうるからである。

特筆すべきは、比較的小規模ながら早慶レベルに達しているとみなせる、上智大学と国際基督教大学の例である。ともに英語教育、国際化路線、少人数教育、多数の優秀な女子学生、などを特色としたユニークな大学として知られている。マンモス化路線と一線を画しているので、大いに参考になる方策である。

技能形成教育

その他の大学はどうすればよいのだろうか。大学において徹底的な職業準備教育、あるいは技能形成教育をおこなって、卒業生が容易に仕事を見つけられるようにするしかないと思う。従来の帝国大学の伝統を引き継いだような学術専門の教育ではなく、在学中に身につけた技能が職業に役立つように、教育の方向をシフトしていくことが肝心である。

そのためには旧来の学部や学科の名称の変更や、教育内容の実質的な変更をともなってしかるべきである。その兆候はすでに一部の私立大学で起きているし、新しい大学や新学部・新学科の創設では特にそれが見られる。例えば、ＩＴや情報関連の学科や医療・福祉関係の学科、外国語関連の学科、デザインや芸術関係の学科などが就職に役立つ学科として多く設立されている。京都精華大学でマンガ学部が設立されたし、国立大の工学部であっても石炭工学や原子力工学の名は消えて、資源工学と衣替えして、実社会に役立つ教育へと、新しい時代に対応しているのである。

旧来の学部、たとえば文学、理学、法学、経済学、商学などの学部にあっても、教育内容を実社会で役立つようなものに変更することが期待される。日本の大学は「象牙の塔」

といわれるように、学問の奥義を追求することが大学の第一の目的であり、社会で仕事を実行するうえで役立つような技能を習得するのは二の次、とみなされてきた伝統がある。大学生の数が少ない時代であれば、この原則もあながちまちがいではなかったが、学生の数が増加した今日にあっては、学問の奥義をきわめても社会で生かせる機会は多くない。

大学もわりきって、学生に技能を教えることに徹底した方が、学生にとっても就職に役立つし、所得を安定して得る手段として生かされる道を与えられることになる。就職に強いという評判が高まれば、その大学への志願者の数が増加するだろう。

専修学校を「大学」へ

このような私の主張に対しては、強い抵抗があるのを予想できる。いくつか根拠が考えられる。

第一に、「大学」と名乗る以上、例えば医療技士や介護福祉士の資格をとるとか、マンガがうまく画《か》けるような教育は大学にふさわしくないという抵抗がある。第二に、大学において学術専門の知識を深めることはその人の学識・人格を高めるので、人間として価値あることを学べる機会となり、若い一時期にそういうことに特化してもよいのではないか、仕事に役立つ技能は、卒業後に企業で訓練を受ければよいし、必要であれば大学在学中に専門学校に通って技能を習得すればよい、という反論がありうる。

これらに対する私の回答はつぎのようなものである。第一に関しては、大学は「学問の府」という通念を排除せねばならない時代となっている。同年齢人口の一〇〜二〇パーセントしか大学に進学しない時代であれば、学問の府と称してもよいが、同年齢人口の半数前後が進学するのであれば、大学の質は大きく変わったとみなすべきである。大学という名前を捨てて、専門学校という名前に変更してもよいくらいであるが、大学という名前に憧憬のある人も多いだろうから、大学と名乗ってもよい。しかし、卒業後の就職に役立つ技能の授受という要請に応えないと、大学教育がムダになってしまう可能性がある。

もう一つは、マンガを例にして論じてみよう。マンガ学もれっきとした学問であるという意見はあり得ようし、私もそう思う。大学時代にマンガ学を学んでも、プロのマンガ家になれる人はほんの少数であろうが、絵を画く技術とかストーリーを作る能力というのは、マンガの世界以外でも大いに生かすことができるだろう。例えば出版社とかテレビ会社のようなメディア、広告代理店、デザイン会社などの就職に役立つと考えられる。

第二に関しては、現在では一昔前のように、企業が新入社員に技能を授けるような時代ではなくなっている。訓練費用を企業が負担する余裕がなくなっているし、労働流動化の時代を迎えて、企業が従業員に訓練を施しても、離職されてしまっては訓練費用を回収できないからである。学生時代に蓄積された技能をすぐに生かせるような人、すなわち即戦力を企業は求めているので、大学時代に技能を習得しておくことは必要な条件となっている。したがって、働くときに役立つ技能を大学が学生に教育することは、時代の要請でもある。

さらに、必要な技能は大学在学中に専修学校において夜間や土・日曜日に学べばよい、という考え方はそのとおりである。現に司法試験に備えた準備は、従来の大学法学部での教育だけでは不十分だったので、司法試験をめざす多くの法学部の学生は、夜間や土・日曜日に専修学校に通って法学の受験技術を学んでいた。大学の法学部はこの現象を好ましくないと思ったのか、自前で法科大学院を創設して司法試験に備える教育を大学ではじめたのである。

大学で基礎的な学問を学び、専修学校において社会で役立つ技能を学ぶという方法はたしかに一つの方法ではあるが、学生からすれば大学と専修学校の双方に学費を支払わねばならず、経済的な負担が大きい。大学で技能を教えるようにすれば専修学校に通う必要がなくなるし、あるいは大学に入学するのをやめて、専修学校だけで学ぶようにすることも考えられよう。最終的には技能を大学で学ぶか、それとも専修学校で学ぶかというのは学生の選択によることとなる。大学と専修学校が学生をひきつけるために競争がはじまることは避けられない。

「大卒」という卒業証書に親も学生もこだわりがあるのなら、既存の専修学校を「大学」に変換する政策をとれば、「大卒」という卒業証書が得られることになる。日本にはまだ学歴神話が残っている。専修学校卒よりも、大学卒の方が社会での認知度や尊敬度が高いと信じられているので、専修学校よりも大学への進学を希望する学生が多い。専修学校を大学に制度変換すれば、この問題は一挙に解決するのである。当然のことながら、このときはこれらの大学では学問研究よりも技能教育の授与を主としておこなうこととする。もう一つの重要な点は、専修学校から大学に変換する際には、教員や施設をふくめて教育内容が大学の名にふさわしくなっているかどうか、厳格に審査・監視する体制が必要である。

公共性の論理

つぎは④の公共性である。大学での医学教育は医者の養成という公共性のとても高い分野である、とすでに述べた。その他にも工学や薬学のように、高い公共性のある分野がある。教育がうまくいけば、すべての個人の資質を高めることによって人びとの生産性も高まるので、経済活性化への貢献度があると認識できる。しかも、教育は人びとを善良な市民として成長させるので、社会の安定にも貢献する。これらのことを考慮すれば、医学・工学といったような分野を問わず、すべての分野の教育自体に公共性があると理解できるのである。

このように理解するからこそ、小・中学校の義務教育は公共性そのものであって、教育費用のほぼ全額を税金で負担しているのである。高校においても公立高校、大学においても国公立大学が存在するが、この公費支出による教育にも公共性の論理が作用するからである。

しかし、高校・大学に進学すると、これらの教育を受ける人の私的利益（つまり働きはじめてからの所得）も高まるので、教育費用の全額を公費負担とするのは行き過ぎとみなされて、授業料や入学金という形式で高校・大学で教育を受ける人にも負担を要求しているのである。しかも私立学校の存在も当然社会では容認されているので、私学と国公立のあいだで授業料の差が生じるのもやむをえない。

教育の公共性を重視すれば、私立学校にも公費を投入する政策は容認されるのであり、それが日本では私学助成金として定着している。どの分野（医学、工学、法学など）にどれだけの補助金が私学に拠出されたらよいかというのは、医学、工学、法学などそれぞれの分野がどれほどの公共性を有しているかということであり、そのことが明確になれば、具体的な補助金額を主張できる。残念ながらわが国では、学問の分野別に公共性の高さが測定された研究例がないので、このことは将来の課題である。

早慶の入試難易度

⑤の入学の難易度について考えてみよう。一発勝負による入学試験で入学者を決める方式は、ある意味で受験生を公平に扱うので、正当な制度であると日本では評価されてきた。そうであるからこそ、大学別に入試の難易度が明確になるし、大学入試における受験競争が激烈だったのである。

激しい受験戦争は教育界にさまざまな問題を提供したのも事実であり、各種の教育改革がなされてきた。「ゆとり教育」の導入はその代表例であるが、これによって学生の学力が低下したとの批判が生じて、論争になったことは記憶に新しい。

大学の入学難易度を示す一つの指標として偏差値がある。各私立大学や各国公立大学の偏差値がどう変化したかを知るために、私学と国公立の双方に存在し、かつ学問に共通性のある経済学部に関して、歴史的に評価してみよう。図表5―2は一九六〇年、八一年、二〇〇七年という異なる三年度の偏差値を示したものである。大学の偏差値にはさまざまな問題がある。例えば、受験科目数や受験科目そのものの違いをどう評価するか、示された偏差値が合格者それとも入学者によるものか、など複数の問題があるので、図表5―2によって細かく大学別に評価することは避ける。

この表でわかることをいくつか述べてみよう。第一に、私立大学、そして国公立大学の双方において、四〇年以上にわたって、入学難易度の順位にさほどめだった変更はない。私立のトップは早慶で、国公立のトップも東大・京大であることはまったく変化がないが、このことはある意味で驚異ですらある。それ以外の大学での順位を見れば、細かいところで多少の変動があるが、これらには言及しない。

第二に、私立大学において、トップの早慶とその下にいる大学のあいだには、四〇年以上前には相当の入学難易度の差があったが、現在ではそれが縮小している。例えば、一九六〇年にトップであった慶応は一八九点であったが、第四位の同志社は一四七点だったので、四二点の差があった。それが二〇〇七年になると、慶応の偏差値が六六、同志社が六二であり、差が縮まっている。もとより、得点と偏差値の違いもあるので、単純に比較できないが、相対的に見ても差の縮小は明白である。同様のことは国公立大学内での比較でも言える。私学も国公立も、上位校間の入試難易度の差は縮小していることは興味深い。

第三に、本書の主たる関心である早稲田・慶応の両校の一九六〇年に注目してみると、国公立大学の名古屋大や横浜国大とほぼ同レベルの水準であったことがわかる。名大や横

国公立大学・経済学部

	1960年		1981年		2007年	
順位	大学	点	大学	偏差値	大学	偏差値
1	東京大	225	東京大	69.0	東京大	67
2	京都大	214	京都大	68.4	京都大	67
3	一橋大	210	一橋大	68.2	一橋大	65
4	神戸大	196	大阪大	65.2	大阪大	65
5	大阪大	195	東北大	64.8	横浜国立大	64
6	名古屋大	190	名古屋大	63.7	神戸大	62
7	横浜国立大	190	北海道大	63.0	九州大	61
8	長崎大	177	神戸大	62.8	東北大	61
9	九州大	176	九州大	60.5	名古屋大	61
10	東北大	176	横浜国立大	60.3	北海道大	60
11	大阪市立大	172	金沢大	60.0	大阪市立大	59
12	和歌山大	171	大阪市立大	59.7	広島大	59
13	香川大	171	東京都立大	59.3	金沢大	58
14	滋賀大	170	岡山大	59.2	岡山大	58

私立大学・経済学部

	1960年		1981年		2007年	
順位	大学	点	大学	偏差値	大学	偏差値
1	慶應義塾大	189	早稲田大(政経)	67.7	慶應義塾大	66
2	早稲田大(政経)	187	慶應義塾大	66.4	早稲田大(政経)	66
3	関西学院大	163	上智大	63.3	上智大	64
4	同志社大	147	同志社大	62.5	同志社大	62
5	上智大	143	関西学院大	62.4	明治大(政経)	61
6	南山大	128	立教大	61.3	立教大	61
7	成蹊大(政経)	116	青山学院大	60.5	関西学院大	60
8	立教大	113	明治大(政経)	60.4	学習院大	59
9	学習院大(政経)	110	関西大	59.4	中央大	59
10	青山学院大	109	学習院大	58.2	立命館大	59
11	明治大(政経)	100	西南学院大	57.9	青山学院大	58
12	中央大	99	成城大	57.7	成蹊大	58
13	西南学院大	99	成蹊大	57.5	南山大	57
14	武蔵大	95	中央大	57.5	関西大	57

1960年、81年は旺文社模試。2007年はベネッセ。60年は模試の合格者平均点

図表5−2　国公立大学と私立大学の経済学部における入学難易度の推移
(小林哲夫前掲書より)

国大よりも上位の大学として、一橋大、神戸大、大阪大などが存在していたし、トップである東大・京大と早慶両校のあいだの得点差はかなりあった。換言すれば、早慶両校の入試難易度は旧帝大などの国立大の上位校よりかなり低かったのである。しかし、一九八一年や二〇〇七年になると、早慶は偏差値において東大・京大とほぼ同水準のレベルに達している。私立大と国公立大では入試科目数の違いや、合格者と入学者の相違もあるため、注意深い解釈を必要とするので断定は困難であるが、この表によって早慶が大きく入学難易度を上げ、他の有力私大もそれにつづいていることがわかる。

第四に、第三のことと関係するが、四〇年以上前の時代にあっては、地方に在住する優秀な高校生がめざすのは、まず地元の旧帝大を中心にした国立大学だった。旧帝大信仰が残存していたし、中央の私立大学に進学するにはお金がかかりすぎることもあった。しかし、第一章で詳しく議論したように、その後早慶への人気が急激に高まった。ここで示した大学入学の難易度の歴史的変化は、この間の事情を端的に物語っているのである。すなわち、早慶への人気上昇は両校の入試難易度を高めたのである。

大学全入時代

受験競争も最近になって新しい時代に入った。若年人口の減少の結果、大学全入ということに示されるように、大学によっては志望者が定員を下回り、全員入学が可能な時代となっている。統計によると、二〇〇八年の大学入試で四年制の私立大学の四七パーセントが定員割れを起こしているという。受験戦争は一部名門大学への入学に際してのみ残存しているだけで、ごく普通の大学における入学試験はそれほど激烈でなくなりつつある。換言すれば、ぜいたくを言わないかぎり、どこかの大学には進学できる時代になっているのである。

これらのことから大学は学生の確保策として、AO入試、推薦入試制、特待生制度、一芸入試、志願者を全入させる、その他の入学試験制度を採用する時代となった。これらの制度のメリット・デメリットはすでに論議の対象になっている。学生確保のため、大学生き残りのため、やむをえない側面もあるが、行き過ぎると授業についていけない学生が入学することもありうる。

これらの入試制度の帰結を大学側から見れば、学力の高くない学生が大学に入学してくることを意味する。これは一八歳世代の約半数が高等教育を受ける時代になっていることの裏返しなので、やむを得ない現実である。このことに対処するには、本章のあらゆるところで主張したように、多くの大学において、大学を学術・専門教育の場とするよりも、よき職業人になるための技能を授ける場とみなすことができれば、かなりの問題は解決できると私は判断している。

下位大学が取るべき方策

つぎに⑥の本人の能力と努力である。今後の日本の大学は、(1)入学試験の激烈な上位の大学、(2)入学試験がそう激烈でない中位の大学、(3)入学試験の壁がない下位の大学、の三種類に分岐するだろうと予想できる。もうすでにそのような時代に突入していると言った方が賢明である。上位の人気が高い大学に入学するには、今までのように受験競争がつづくので、本人の能力と努力が重要でありつづける。ただ、上位の大学の数がかぎられているので、激烈な受験競争に参加する人の数は減少している。

中位の大学にあっては、受験競争もそう激しくないので、自分にふさわしい大学を選ぶことは、そう困難ではない。どの大学と学部がどのような教育をおこなっているのかを周到に調べて、自分にとって最適な大学に進学することが肝要である。大学側からしても、ある程度の能力があり、努力をする学生が入学してくるので、よい教育を施すことによって、学力と職業人としての資質の高い卒業生を社会に送り出すことが可能である。ある意味においては、このレベルでの大学教育がもっとも期待されるのである。教育次第で、質の高い人を多く輩出できる可能性を秘めているからである。

一番困難なのは、学問的な能力の高くない学生が多く入学してくる下位の大学である。私案はすでに強調したように、学術・学問を中心とした専門教育よりも、社会に出てから役立つ技能教育を徹底的におこなうことである。これらの大学にあっては、伝統的に大学で研究・教育されてきた学問を教えることの比率を下げて、職業人としての技能を習得する機会を、大学において多く設定するのである。高い職業能力を保持した卒業生は、社会において歓迎されるだろうし、賃金などの処遇も今よりも高くなる時代が到来すると予想できる。

社会に希望することがある。それはこのレベルの大学を卒業した人をもっと優遇する手立てがほしいということである。学問をマスターしたわけではないが、高い技能を蓄積したのであれば、その人たちの高い技能と生産性に対して、賃金などの処遇を一段と高めてほしい、というものである。私は労働者に対する処遇の方式として、能力・実績主義に移ることを主張している。実業の分野において高い生産性を示す労働者には、高い処遇を施すということは、その一環にあると理解してよい。

学歴社会のゆくえ

最後は⑦の学歴社会のゆくえである。学歴社会を語るときにはつぎの二つの視点がある。第一は中卒か、高卒か、短大卒か、大学卒か、大学院卒かといったように、どのレベルの学歴を達成するかという点である。第二は、どの学校を卒業したかということに注目する。ここでは第二の点に注目して学歴社会を考える。わかりやすくいえば、いわゆる名門校（あるいは有名校）卒業かそれとも非名門校（あるいは非有名校）卒業かの違いである。日本ではどの学校を卒業したかが、相当重要と考えられてきたし、本書の関心は早慶両大学にあるので、第二の視点から学歴社会を考えることは意義がある。

いわゆる名門校を卒業したことは、企業での昇進、政治家や官僚、学界、司法界、あるいは他の分野において有利に作用すると理解されていた。この認識に立脚して早稲田・慶応の両大学の卒業生を論じてきたし、早慶以外のいくつかの大学の卒業生が社会において活躍している実態が紹介された。日本は学歴社会であるとの認識があるからこそ、名門校をめざすための受験戦争が激しかったのである。

日本の学歴社会はつづくのだろうか。結論を先に述べれば、徐々にではあるが日本は学歴社会の程度を弱めるであろう、と私は考えている。官僚の世界における東大卒業生、政治の世界における東大・早慶卒業生、実業界における東大・京大・一橋大・慶応卒業生、文壇・マスコミにおける早稲田卒業生、学界における東大・京大卒業生の多さはたしかに日本が学歴社会であることを物語っている。特にいま挙げた分野のほとんどにおいて、東大の名が現れているので、東大卒業生が学歴社会の象徴になっていることがわかる。

能力・実績主義と学歴

例示した諸分野において、どのような変化が考えられるか、簡単にみてみよう。官僚の世界についていえば、規制緩和政策や民間優先の制度変更が進行し、官僚の役割が低下している。現に最近では東大生の官僚志望者が減少しており、学歴社会の変容を予想させる。

政治の世界、特に中央の国会議員にあっては、本書で示したようにいわゆる二世、三世議員の数が増加しており、これらの予備軍の若者が早慶両校（特に慶応）をめざす傾向が高まっていることがわかった。これを学歴社会と認識してよいのか、それとも階層固定社会の象徴とみなした方がよいのか、さまざまな意見がありうる。私の見方は、この両者をうまく合成した結果が日本に出現したものなので、学歴社会の消滅の方向にはないと考えている。

実業界における学歴主義については、いままではたしかにそれが日本の特色であったが、企業のグローバル化が進み、競争が激化し、能力・実績主義に移らざるをえないと予想する。企業間、そして労働者間の競争が激烈になりつつある状況において、出身大学など学歴によって昇進が決定されるのであれば、その企業は生き残れないと思われる。企業では能力・実績主義化が進行しているのである。したがって、経済界における学歴主義は徐々に弱体化の方向にある。

しかし、留意点が二つある。第一は、企業が学校卒の新人を採用する際には、まだ企業での勤務実績がないため人物評価が困難であり、どの学校を卒業したかを有力な情報として使用することには合理性がある。こうしたことは経済学では「スクリーニング仮説」として定着しており、学歴の情報をその人の潜在能力を示す指標として用いることの意義を認めている。しかし、入社後の昇進決定に際しては、その人の企業での働きぶりの実績などが利用可能になるので、学歴よりも能力・実績が基準になることが可能である。

第二には、現在企業において昇進に成功した社長や役員、あるいは将来役員になりそうな部課長までをふくめて、名門校出身者が多いことはたしかであるが、そうした人たちが企業内で抜群の実績を示したからこそ昇進を果たしたのかどうか、まだ厳格な証明はなされていない。換言すれば、その人が名門校出身者だからなのか、それとも出身校は関係なく本人の顕著な能力と実績によるもので、その人たちがたまたま名門校出身者だったのか、これが明確になれば学歴社会の評価もより正確になる。

以上二つの留意点を念頭におきながらも、経済界における学歴主義は徐々に弱まるだろうとの予想が可能である。

最後は学界である。じつは不幸にして、学界が最後まで学歴主義を保持するのではないかと予想する。

一部の学問分野では、学問での研究成果の客観的な評価が明確に可能なので、それらの分野では能力・実績主義がすでに進行しているし、今後もますます深化するだろうから、学歴主義は弱まるであろう。もっともわかりやすい分野として、理学、工学、基礎医学などの分野を念頭におけばよい。ただし、ここにおいても高い研究業績を出した人が東大や京大の卒業生であれば、研究成果のみで評価されたとしても、学歴は関係ないと言えるのか、多少の留保は残る。もともと学力の高い人が東大・京大に進学したのであるから、両校でのよい教育も手伝って、その後に高い研究業績を出したとき、それを学歴主義のなす業とは簡単に決めつけられないからである。

問題は研究業績を客観的に評価することが困難な分野である。文学、芸術、社会科学などの分野では、何が客観的に優れているのか評価するのは困難である。森鷗外と夏目漱石のどちらが優れているかを決めるのは、個人の嗜好が前面に出てしまい、事実上不可能なことを例として挙げればわかってもらえるのではないだろうか。このような学問分野であれば、大学での採用や昇進において、どこの大学の出身者であるかということが左右する可能性がある。これは学歴主義の発露とみなしてよいので、学界では学歴主義は簡単に消滅しないだろうと予想できる。

まとめておこう。学歴主義は一部で残るであろうが、徐々に弱体化するだろうと予想する。しかし、名門校への入学希望はそう容易に減少しない。なぜならば、「慶応三田会」で例示されたように、名門校での人的ネットワークの有用性を皆が知っているし、少なくとも名門校は悪い教育をおこなっていないだろうと、多くの人が信じているからである。

新しい方向性

大学問題を議論するときに考慮されなければならないことを、いくつか述べてきた。収入を学生からの納付金に依存せねばならない私学は、今後学生数の低下が予想されるなかで、苦しい対応を迫られることは確実である。しかし、創立者の建学精神を生かし、あるいは独自の教育方針のもとで有為な人材を生むためには、制約の多い国公立よりも裁量権の高い私学の方に可能性がある。本書ではその成功例として早稲田と慶応を詳しく論じてみた。

名門の早慶ですら、このまま何もしなければ、競争校が台頭して、その地位が保てないことをよく知っているので、さまざまな新しい政策を導入している。例えば慶応であれば、一貫教育の伝統を強化するために、新しい小学校の創設を計画している。早稲田であれば、慶応の一貫教育につづくための目的かどうかはわからないが、系列校の実業学校に初等部を創設した。さらに、国際教養学部を創設して、グローバル化の世界で役立つ人物の輩出を目的として、新しい教育方針を打ち出している。早慶両校は新しい方向性をめざしている。

早慶は戦前からすでに名を上げていた。だから参考にならない、というのなら、戦後に名門校の地位を獲得した国際基督教大学や上智大学の例は、すでに述べたように参考になる。マンガ学部を創設した京都精華大学、賛否両論はあるだろうが、スポーツの分野で成功した東北福祉大学や山梨学院大学も知名度を上げた。

これからの時代に、早慶、国際基督教大学、上智大学のように、名門校の仲間入りをするのは至難の業である。早慶をはじめとする名門校がすでに能力のある学生をひきつけているからである。しかし、独自の教育方針を強力に打ち出していけば、不可能なことではない。

その一つの方策として、私は就職に役立つ技能の徹底的な授与があると主張した。高邁《こうまい》な学問を教授することに努めるよりも、卒業後に有能な社会人として活躍できる人を多く育成することが、今日の大学教育の大きな目標と考えている。これだけ学生の数が増加したのなら、高い学問研究の水準を担うのは、一部の大学と一部の人に任せておいて、教育の目的を、優れた職業人の育成においた方がよい。そのための手段を教育に生かすことが、大学にとっても学生にとっても、そして社会全体からしても望ましいのではないかと思う。

4 早慶の進む道

アキレス腱

早稲田と慶応の両校は日本における名門校として幅広く認知されているので、いまのままの方針を採りつづけて大きなまちがいはない。ただ、あえて言えば、早稲田の規模は巨大になりすぎたし、一芸入試の多用も問題点になりうる。教育と管理が十分に行き渡らず、一部の学生が落ちこぼれになる可能性がある。その一端はごくわずかであるが出現している。それへの対策が十分であるかという心配がある。この危惧に対して、早稲田では中途退学者に優秀な人が多いことから、心配無用という力強い反論があるかもしれない。

慶応に関してあえて言えば、階層固定化という格差社会の頂点に立った慶応が、この問題にどう対処していくかが関心となる。私たちは自由社会に生きているのであるから、恵まれた家庭に育った子弟が多く通う学校に非があるわけではない。しかし、格差社会に陰の部分があることも事実である。すでに述べたことであるが、「天は人の上に人を造らず、人の下に人を造らず」というあまりにも有名な福沢諭吉の声に、慶応の方々がどういう思いを抱き、かつどう対応するか私は注目している。

早慶の研究水準

早慶両大学は世のなかに優れた人を多数送り出してきた。両校が名門校であるという認識は、大多数の日本人が共有するところである。今後も能力の高い人が多く入学し、特色ある教育方針のもと、優秀な人材が多く輩出するものと確信している。

一点だけ、早慶が超名門校になるにはどうしたらよいか、猛反発を覚悟のうえで私見を述べておこう。いわばオックスフォードやケンブリッジのような超名門校になるための道筋である。政治家、経済界、文壇、マスコミ、芸能、その他の分野で一流の人物を多く輩出してきた早慶両校であるが、やや不十分な分野が一つだけある。それは学問・研究の分野である。世界の超一流大学は、非常に優れた研究業績を示すことが条件になっている。

図表5―3は、大学の研究者がどれだけ影響力のある論文を発表してきたかを示したものである。高被引用論文を数多く生み出した上位二〇大学を、大学のグループ別にまとめたものである。独創性があり、かつ高い水準の学術論文を学者・研究者が出版すれば、そ

の論文は後に他の研究者によって多く引用される。引用される論文をどれだけ出版したかを示す高被引用論文指標は、その大学でどれほど優秀な研究業績をあげてきたかの指標となるのである。

この図はつぎの五つのグループに区分されている。(1)東大・京大、(2)東大・京大以外の旧帝大プラス一橋大・東工大・神戸大、(3)その他の国公立大、(4)早慶、(5)その他の私大。研究者の出身大学ではなく、論文を発表した時点で所属する大学である。日本の大学、特に歴史の古い大学では七〜八割の教授がほぼその大学の出身者で占められているので、この図は在籍大学によるものであるが、出身大学に近いものでもあると理解してもらってよい。

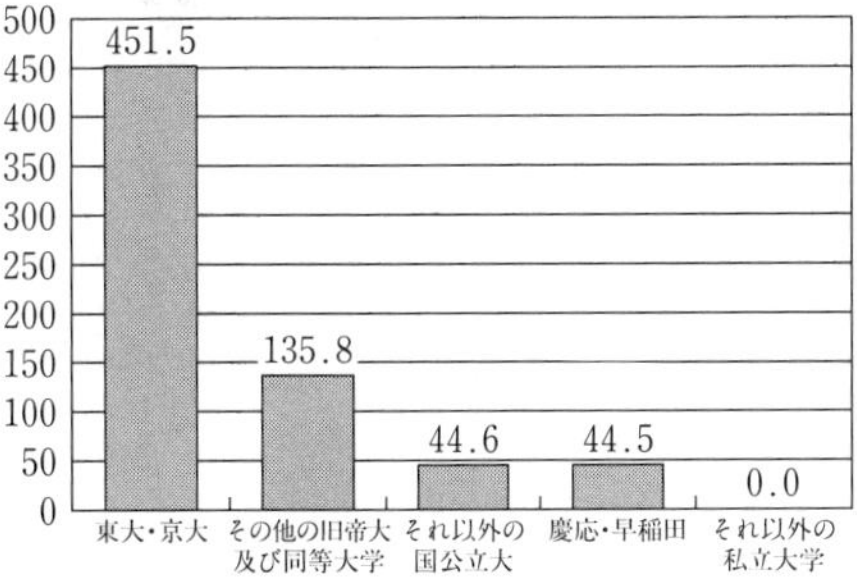

図表5−3　高被引用論文数上位20大学内グループ別平均値
(小林哲夫前掲書より。グルーピング及びグループの数字は引用者が計算)

この図によると、質の高い論文を多く発表しているのは、まずは東大と京大であり、際立っている。ついで、高い研究水準の論文を発表しているのは、その他の旧帝大グループである。しかし、東大・京大に比較するとかなりの劣位となっている。ついでその他の国公立大学と早慶両大学がほぼ同じレベルでつづく。本書の関心である早慶両大学に関して言えば、両校の研究水準は日本の大学の平均よりはかなり高いが第一級という高さではない、ということになる。

学問研究の世界的なトップの象徴であるノーベル賞の日本人受賞者は、物理学、化学、医学・生理学という学問に関しては、京大出身者が五名、東大二名、東工大一名、東北大一名となっている。いつも論議の的になる文学賞と平和賞を考慮すれば、三名の東大出身者がこれに加わる。ついでながら、日本からの経済学の受賞者だけがまだいない。文部科学省はこのことにいらだっていると聞く。学問中の学問である数学には、数学界のノーベル賞といわれるフィールズ賞があるが、京大二名、東大一名が受賞している。

一昔前までは国立大、特に旧帝大に優秀な人が集っていたので、これらの大学の出身者から受賞者の出ていることは、無理からぬことであった。一方、名門であっても早慶出身者はまだゼロである。

このように見れば、日本の大学の研究水準の高さは旧帝国大学、そのなかでも東大・京大の出身者か在籍者によって保たれており、名門の早慶ですら学問での貢献はまだまだというのが現状なのである。

国立優先の研究費

このような事情から大学の研究水準を評価すれば、早慶をはじめ多くの私大から反論のあることは必至である。

第一に、被引用論文の質は主として理科系を中心に計測されており、国公立大学は予算があるので理科系の比率が高いが、私立大学は文科系が中心なので、計測にバイアスがあるという指摘がありうる。このことは否定しないが、第三章と第四章で明らかにしたように、慶応はまだしも早稲田の経済学が弱かったことは事実であった。もっとも早稲田は文学が強かったし、村上春樹は将来において早稲田第一号のノーベル賞受賞者になる可能性のあることを再述しておきたい。

第二に、研究費の配分という見地から、日本の教育は国立優先、私学軽視という風潮があった。図表5—4は科学研究費を受領している研究者が一人あたりどの程度の額を、文部科学省から受領しているか、同じく大学のグループ別に上位三〇大学について示したものである。これによると、東大・京大の研究者が多額の研究費を受領しており、それ以外の旧帝大、その他の国公立大とつづき、私立大学はその他の国公立大学とほぼ同レベルである。ちなみに慶応と早稲田は、研究費の総額では全国の大学のなかでは第一二位と第一三位と高い順位にあるが、研究者の数が多いので一人あたりに換算すると上位三〇位内には出現していない。

大学での研究費は主として理科系で使用されているので、理科系の比重が高い国立大と文科系の比重が高い私立大とでは、研究費の配分が国立大に多くなされることを割り引く必要があるが、それにしても国立優先は否定できない。研究には研究者の質はもちろん大切であるが、研究資金が必要なのは言うまでもなく、研究資金の少ない私学の不利は否定できない。

どの研究者がどれだけの研究費を獲得するかは、その人のこれまでの研究成果に依存するので、必ずしも東大・京大などの旧帝大の人が最初から有利というわけではない。それなりの高い研究成果を挙げているから、多額の研究費を獲得している事情もある。しかし、これに関しては、早慶をはじめ私立大学の人びとからは、教育を私学に押しつけておいて、研究せよといっても無理だ、という反論が当然ありうる。この反論はかなりの程度正しいと判断できる。

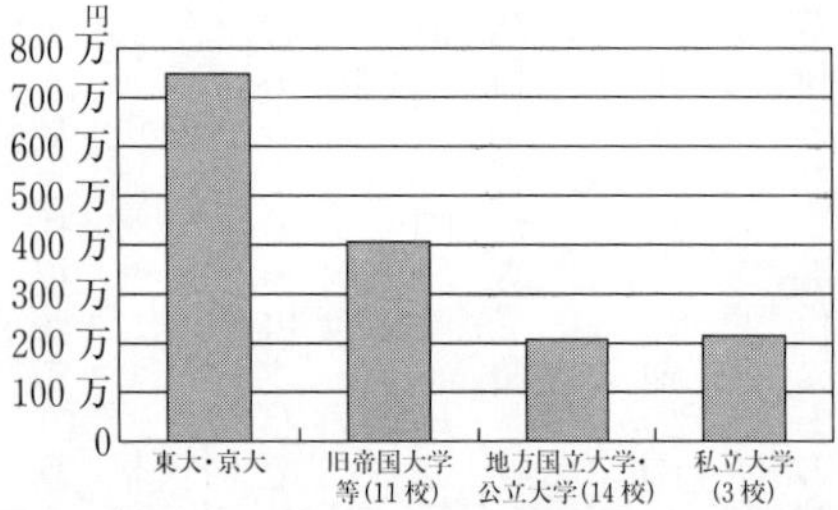

図表5−4　教員一人あたり科学研究費配分額上位30大学グループ別平均値
(小林哲夫前掲書より。グルーピング及びグループの数字は引用者が計算)

日本のオックスブリッジへ

卵（研究費）が先か、鶏（研究業績）が先か、という論点でもありうるが、国立大学と私立大学のあいだの研究費と研究業績については、困難な問題が残っていることはたしかである。しかし私立大学の頂点に立つ早慶両校は、研究という大学における重要な任務を、もっと重視する姿勢に変換することを期待したい。

学生を多く抱えているので教育を軽視できない、という反論は私学の方々からありえよう。しかし方法はありうる。例えば、教員のなかにあっても、研究成果の期待できる有能な人を集めて、その人には教育義務のウエイトを下げ、かつ給料や研究費を多く支給する案が採用できれば、それらの人からレベルの高い研究が出てくることが期待できる。最近、東京大学において、非常に研究能力の高い日本人の研究者を外国から呼ぶために、普通の研究者の俸給よりも三倍前後の高い俸給を出したと報道された。国立大学すらこういう政策をとりはじめたのは画期的である。私学であれば、決断さえすれば容易に導入が可能と推測できる。一方で、教育に特化する人も当然必要となる。

オックスフォードやケンブリッジは研究中心の人と教育中心の人を同じ大学のなかで区別した人事政策をとっている。具体的に言えば、有能な研究者は少数ながら若い時に教授に抜擢するし、そうでない人は年をとってもフェローや講師として主に教育に携わる。教授は高い賃金と多くの研究費を受けている。

早慶のような私大であれば、文部科学省からの規制も弱いので、独自の経営・教育方針のもとで、研究中心の人と、教育中心の人に分けるという案が比較的自由に採用できるのではないか、と推測するがいかがなものであろうか。実際のところ、大学人は多くの人ができれば研究者でいたいと願っているので、この案を採用することは、抵抗がありそうで容易ではないが、不可能ではない。さらに、入学者にしても、大胆な奨学金制度を用いて、特に優秀な学生を優先的に入学させる制度を、私立大学が導入することも不可能ではない。

早慶両大学は多くの分野において、数多くの優秀な人材を輩出している。分野によっては、東大・京大よりもその輩出率が高い分野もある。なぜこのように優れた人材を生むようになったのか、早慶両校の建学精神、校風、教育方針を分析し、戦後になってなぜ優秀な素質をもつ生徒・学生が早慶に集まるようになったのかを論じてきた。しかし、唯一まだ不十分な分野が何であるかと問われれば、それは学問・研究であると言えよう。もしこの分野において東大・京大の水準に達し、あわよくば追い越すことがあれば、早慶両校はオックスフォード・ケンブリッジ両大学に匹敵する、世界の超名門校になるだろう。

おわりに

早稲田大学と慶應義塾大学は戦前では私学の名門であったが、当時は東大・京大といった帝国大学の後塵を拝していた。戦後になって帝国大学が解体されて新制大学となり、これらの一部国立大学は名門でありつづけたが、早慶両大学はそれに肉薄し、現代では分野によっては、国立名門校を凌駕《りょうが》している。

内閣総理大臣は、現代では早慶両校出身者が圧倒しているし、政治・経済・マスコミ・文壇などにおいて早慶卒業生の活躍にはめざましいものがある。なぜ早慶両校がこのように伸びてきたかを、二つの視点から分析してみた。

一つは創設者の建学精神とそれにともなう校風である。もう一つは、戦後のある時期から早慶両校が優秀な学生を入学させることに成功した点についてである。

第一の点に関しては、創設者である福沢諭吉と大隈重信の経歴と思想が、見事に両校の建学精神とその後の発展に寄与したことを強調した。具体的に述べれば、実学の尊重と塾員の結びつきを大切にした慶応にあっては、経済界において傑出した人物を輩出する土壌を形成したし、個性尊重と反骨精神の大切さを謳《うた》った早稲田魂は、例えばマスコミや政治の世界で優れた人物を生むことにつながった。その他にも、早稲田と慶応のそれぞれに脈々と生きつづけた伝統や、教育方針を具体的に述べて、それらが早慶両校を名門校として君臨させてきた経緯を明らかにした。

第二の点は、入学試験の方法や日本社会の変化といった要因が、早慶両大学への志願者の質をかなり高めたし、学生自身の特色をも変化させることに寄与したことが示された。いくつかの具体例を述べれば、国公立と私学間の学費差の変化、国公立における共通一次試験制度の導入とそれにともなう入学試験科目の寄与、日本の経済発展とそれにともなう東京集中化現象、格差社会の進展、などの要因がある。これらの要因がなぜ早慶人気につながったのかを具体的に論じた。

早稲田・慶応の両校は私学の成功物語といってよいが、すべての私立大学が真似のできるわけでないことは明確である。一八歳人口の半数が短大・大学に進学するようになったし、少子化の時代を迎えて日本の大学は生き残りをかけた戦いを強いられている。そこで本書では大学教育の目的と本質を議論したうえで、今後の日本の大学の進むべき方向と学生の学び方を考えた。そこでの結論の一つは、優れた職業人の養成ということに大学はもっと教育のウエイトを置く必要があるし、学生もそれを習得することにもっと力を入れてよい、というものである。

しかし、すでに名門校である早慶両校にあっては、職業人の養成策はかなりうまく進行しているので、むしろこれからは学問・研究水準の向上に期待したいと述べた。さらに、マンモス大学における教育方法や、格差社会にどう対応すべきか、という課題を突きつけられていることを説いた。これらの点は早慶両大学の関係者から猛反発を受けること必至であるが、早慶という両名門校の占める位置が日本で非常に高いだけに、あえて問題提起をしてみた。

早慶が世界の超名門校に仲間入りできるかどうか、分岐点にさしかかっているのである。

参考文献

安部磯雄『社会主義者となるまで――安部磯雄自叙伝』改造社、一九三二年
天野郁夫『学歴の社会史――教育と日本の近代』平凡社ライブラリー、二〇〇五年
飯田鼎「福澤諭吉と教育」三田教育会編『慶應義塾の教育論』慶應義塾大学出版会、一九九八年、一一七～一五〇頁
池田信一『慶応義塾の光と影――実像と行方』WAVE出版、一九九二年
岩瀬彰『「月給百円」サラリーマン――戦前日本の「平和」な生活』講談社現代新書、二〇〇六年
大下英治『小説早稲田大学』(前・後編)角川書店、一九八五、八六年
大下英治『永田町の〝都の西北〟』(前・後編)角川文庫、一九八八年
奥島孝康・中村尚美監修『エピソード大隈重信125話』早稲田大学出版部、一九八九年
奥島孝康『早稲田大学――新世紀への挑戦』東洋経済新報社、二〇〇一年
金子元久『大学の教育力――何を教え、学ぶか』ちくま新書、二〇〇七年
苅谷剛彦『大衆教育社会のゆくえ――学歴主義と平等神話の戦後史』中公新書、一九九五年
北康利『福沢諭吉――国を支えて国を頼らず』講談社、二〇〇七年
木村時夫『知られざる大隈重信』集英社新書、二〇〇〇年
小林哲夫『ニッポンの大学』講談社現代新書、二〇〇七年
島田裕巳『慶應三田会――組織とその全貌』三修社、二〇〇七年
清水慶一「桃介と貞奴の愛のかたち」NHK「ニッポン近代化遺産」第七回、二〇〇七年、一一〇～一三九頁

白井克彦『早稲田大学——世界への飛翔』東洋経済新報社、二〇〇三年
白井克彦「東大、慶大は敵にあらず！　世界に目を向けろ」『プレジデント』一〇月一六日号、二〇〇六年、三八〜三九頁
武内成『明治期三井と慶応義塾卒業生』文眞堂、一九九五年
橘木俊詔『昇進のしくみ』東洋経済新報社、一九九七年
橘木俊詔『セーフティ・ネットの経済学』日本経済新聞社、二〇〇〇年
橘木俊詔『安心の経済学——ライフサイクルのリスクにどう対処するか』岩波書店、二〇〇二年
橘木俊詔・森剛志『日本のお金持ち研究——Who are the rich?』日本経済新聞社、二〇〇五年
橘木俊詔『格差社会——何が問題なのか』岩波新書、二〇〇六年
中村尚美『大隈重信』吉川弘文館、一九六一年
西川俊作『福沢諭吉の横顔』慶應義塾大学出版会、一九九八年
西野浩史『慶応幼稚舎合格バイブル』第三版、WAVE出版、二〇〇七年
藤江邦男『実学の理念と起業のすすめ——福澤諭吉と科学技術』慶應義塾大学出版会、二〇〇四年
増田晶文「早慶「大学力」を診断する」『文藝春秋』九月号、二〇〇七年、一八四〜一九一頁
村井実「福澤諭吉の教育思想」三田教育会編『慶應義塾の教育論』慶應義塾大学出版会、一九九八年、一五一〜一八二頁
矢吹晋『朝河貫一とその時代』花伝社、二〇〇七年

講談社現代新書　1958
早稲田《わせだ》と慶応《けいおう》——名門《めいもん》私大《しだい》の栄光《えいこう》と影《かげ》
二〇〇八年九月二〇日第一刷発行　二〇〇八年一〇月二日第二刷発行
著者　橘木《たちばなき》俊詔《としあき》

発行者　野間佐和子
発行所　株式会社講談社
東京都文京区音羽二丁目一二―二一　郵便番号一一二―八〇〇一
電話　出版部　〇三―五三九五―三五二一
販売部　〇三―五三九五―五八一七
業務部　〇三―五三九五―三六一五
装幀者　中島英樹
印刷所　凸版印刷株式会社
製本所　株式会社大進堂
定価はカバーに表示してあります　Printed in Japan

N.D.C. 377.2 237p 18cm
ISBN978-4-06-287958-3

「講談社現代新書」の刊行にあたって

教養は万人が身をもって養い創造すべきものであって、一部の専門家の占有物として、ただ一方的に人々の手もとに配布され伝達されうるものではありません。

しかし、不幸にしてわが国の現状では、教養の重要な養いとなるべき書物は、ほとんど講壇からの天下りや単なる解説に終始し、知識技術を真剣に希求する青少年・学生・一般民衆の根本的な疑問や興味は、けっして十分に答えられ、解きほぐされ、手引きされることがありません。万人の内奥から発した真正の教養への芽ばえが、こうして放置され、むなしく滅びさる運命にゆだねられているのです。

このことは、中・高校だけで教育をおわる人々の成長をはばんでいるだけでなく、大学に進んだり、インテリと目されたりする人々の精神力の健康さえもむしばみ、わが国の文化の実質をまことに脆弱なものにしています。単なる博識以上の根強い思索力・判断力、および確かな技術にささえられた教養を必要とする日本の将来にとって、これは真剣に憂慮されなければならない事態であるといわなければなりません。

わたしたちの「講談社現代新書」は、この事態の克服を意図して計画されたものです。これによってわたしたちは、講壇からの天下りでもなく、単なる解説書でもない、もっぱら万人の魂に生ずる初発的かつ根本的な問題をとらえ、掘り起こし、手引きし、しかも最新の知識への展望を万人に確立させる書物を、新しく世の中に送り出したいと念願しています。

わたしたちは、創業以来民衆を対象とする啓蒙の仕事に専心してきた講談社にとって、これこそもっともふさわしい課題であり、伝統ある出版社としての義務でもあると考えているのです。

一九六四年四月　野間省一